你的管教，能讓孩子成為更好的大人

從他律到自律，小熊媽暖心而堅定的教養法

小熊媽（張美蘭）——著

推薦序

教養，是無可取代的幸福之旅

親子作家　**彭菊仙**

小熊媽幾乎可以說是我最尊敬、最信賴也最喜歡追蹤的親子作家，原因當然是因為她和我一樣，也是三個男孩的媽，住在男生宿舍裡，擁有雷同的教養樂趣，也受著差不多的苦。

不過，這不是最主要的原因，而是，從部落格時代開始，我便一路讀著她每一篇貼文、關注她的每一個動態。我必須說，十多年來，我從沒看過小熊媽在網路上有任何一篇動思想偏頗、亂用情緒、用詞不周延、說法不謹慎、切入角度過度自我的文章。

這不是因為小熊媽只願躲在網路的舒適圈裡、不敢嘻笑怒罵、不擅針砭時事、不敢開罪權貴。相反的，對於她不認同的價值觀或社會現象，我一樣看到她勇於發聲，但她用詞遣字卻總是圓融合度、化為無形。若沒有深厚的學養、敏銳的覺察、高度的自持與智慧，一個人絕對無法十數年不敗跡露綻，也就是——這是裝不來的啊！

網路上如此，私下的小熊媽如何？與小熊媽幾次相聚深聊，我必須說，這個媽咪表裡如一，絕不是說一套做一套，也就是：**網路版＝真實版**；而真實版又多了幾分溫暖、謙和、親切與可愛！

我們都說身教重於言教，這樣的身影的媽咪會輸出怎樣的孩子呢？我真心覺得沒有太多的想像空間，那絕對只有兩個字：優質。絕對是優質媽咪的翻版。

果不其然！小熊媽的三隻小熊都各有優勢與特色，而且，每一隻小熊都有屬於自己獨特的「矛盾」優勢組合。第一隻小熊「理工男」，他是所有爸媽引領而望的標竿孩子，高度自律、認真負責、文武全才，是建中數理資優班的高材生，曾拿到國際性科展大獎，但他卻超乎一般人對科技男的刻板印象：小熊哥一點也不文弱，和「宅男」沾不上邊；相反的，他是名體育健將，從小就在球場上馳騁飛奔，是田徑場上的superstar，曾在兩萬人的長跑比賽中勇奪第一。

第二隻小熊稱「文青男」，是個謎樣的男孩，小小年紀已飽覽中國經典文學，但絕不畫地自限，文學並沒有削弱他的邏輯應用能力，文青男還是深藏不露的寫程式高手呢！在天天都要考試、課業繁重的體制內讀書，文青男用自己的方式學習與生活，每天睡得飽飽、讀得善巧，那是因為他有一個愛他、懂他、忍他、等待他的好園丁、好母親。

第三隻小熊是我最愛憐的「迷你熊」，他還嘟著滿臉嬰兒肥、每天要給小熊媽熊抱好幾次，這恐怕是我最欽羨也最需要看小熊媽粉專的原因吧。為什麼？我家三隻都進入青春期，我會熊熊忘記這三隻難纏小子也曾經和「迷你熊」一樣黏膩、貼心與惹人憐愛。是的，小熊媽的小鮮肉「迷你熊」是一個更年期媽咪對抗青春期惡勢力的最強大救贖力量，每天看一篇，母愛大補帖！不過按照「熊家」

的慣例，「迷你熊」也有自己的矛盾組合：一身肉肉的無邪憨萌，但腦袋絕不空空，「迷你熊」是個熱愛閱讀的小書蟲，在小熊媽用心的引導下，天真與超齡可是不衝突的喔！

介紹完小熊媽三隻非常優秀又可愛的小熊，我想您已經迫不及待想要向小熊媽取經了！小熊媽化十年的漫長教養為四十四篇精華，我讀來真是如沐春風，因為，**篇篇，真的都是化雨的——春風！**彷若一個溫暖有情、真心為我好、為我的教養之路處處設想的老朋友，在我耳畔輕聲呢喃、娓娓述說，沒有壓力，卻聲聲入耳，字字句句都敲中我的共鳴區。

我不會想要在推薦序裡重述小熊媽的每個教養理念，但我必須向你保證，每一篇都有著不容錯過的思辨過程，讓讀者順勢釐清了最重要的教養觀念。深入一幕幕在你我家中都可能上演的情節，爸媽很自然的能生出教養的信心，而對照這本溫暖真實的十年教養紀錄，爸媽很容易認同一件事，那就是：教養真的是一件最無可取代的幸福之旅，請和小熊媽一起，無怨、無悔。

推薦序

溫暖的親子日常

親職教育講師　**魏瑋志（澤爸）**

這幾年，我在台灣各地到處演講，上千場的場次中，面對數萬個父母與家庭。我領悟到了一件事情，親子之間最重要的，不是成績、表現、成就，而是「關係」。

某次演講前，主辦人到高鐵站接我，車上我們聊了很多。當她講到正在讀大學的兒子時，頓時忍不住紅了眼眶。原來，在外地讀書的兒子，從搬離家的那一刻起，彷彿不曾生過他一般。不會主動聯繫，甚至避而不見，傳個訊息也是已讀不回，只有在缺錢的時候才能看到他。

「我這麼辛苦地把他養大，到底做錯了什麼？怎麼會養出一個不知感恩的孩子。」她很傷心地說出這句話。

老實說，其實沒有所謂的對錯，而是父母愛的方式，孩子沒有感受到「被愛」。

如何讓孩子感受到父母的愛，取決於我們跟他相處時的所有細節。

在《你的管教，能讓孩子成為更好的大人》這本書裡，看得出來小熊媽不僅僅是單純陪伴而已，而且是相當了解三個孩子的個性，以及深入到他們每段時期所發生的任何事。

我與小熊媽的緣分，來自於《親子天下》。我們擔任嚴選平台的筆者，有過幾次的會面。看到她與孩子之間的相處與互動，真心感受到她是很享受地在育兒的過程裡。

如同，書中有一句話：「孩子不會記得你開車送他去才藝班的時刻，卻會記得你與他一起散步、看花、數星星的日子。」讀來著實感動萬分。這也是小熊媽在書中所呈現，相信也是在日常生活中，很珍惜的核心價值：「陪伴在孩子的每個當下」。因為這是最基本的親子之情，但有多少父母卻在時光的流逝下而忽略了。

有了實質的交流，自然有更多的話題與了解。越是懂他、了解他，越能聊的深入，孩子才能真切地感受到我們對他的愛。於是，關係就能更加緊密與深厚。

而小熊媽把這些回憶，貼心地轉化為一篇篇的小故事，讓我們一同沉浸在她與孩子們的甜蜜時光裡。

本書用四十四篇輕鬆又自在的短文型式，講述了小熊媽照顧三個男孩兒的成長歷程。文中，不時有著小熊媽的智慧良言、擔任媽媽的心得感受、教養孩子的原則堅持，還有看著孩子們一路走來的深刻領悟。我看的時候，是既感動又好笑，還外加點頭如搗蒜啊。相信讀者們都能以放鬆的心情，很舒服地把這本書讀完。

闔上書的那一刻，臉上肯定是掛上大大的笑臉，而且會想要緊緊地抱著孩子，不想他這麼快長大。

書中沒有長篇大論、沒有艱澀道理，只有來自於一位媽媽，內心滿是對三個孩子愛的文字。

推薦序

在中西觀念與新舊交替間的平衡教養

教育親職專欄作家　二花小姐

這個世代的父母不好當（好啦哪個世代的父母又好當了呢？），不好當，是因為夾在新舊交替之間，夾在東西文化之間，甚至可能夾在不曾擁有、卻被要求天長地久的尷尬之間。

這是個傳統父母角色與家庭觀念受到挑戰、面臨淘汰的年代，我們夾在新舊交替之時，然而站在搖搖欲墜的傳統邊緣，卻尚未有條準確的道路被指出。而從航海時代、工業時代、金融時代，到今天汲汲迎來的全球數位時代，資訊的無遠弗屆加上多樣化傳播媒體的加持，讓全球化的境界更上了一層。無限放送的西方世界模樣與「成就」，光鮮亮麗地展現在新世代發著亮光的雙眼前，也緊逼著東方社會與父母做出反省、調整和改變。從情感、教養、教育、文化，就連和孩子的關係建立與相處方式，都如切如磋，如琢如磨。

偏生我們生長的年代，恰巧落在社會經過經濟起飛後的大變遷時期，許多的我們可能在雙薪家庭長大，可能在單親家庭長大，可能是鑰匙兒，可能是隔代教養。很多現在成為了父母的我們，兒時大概不曾擁有過太多父母的關注，當然也就這樣長大了。但眼下面臨地，卻是高需求的孩子、高期待的社會，彷彿無時無刻都有很多雙眼睛看著我們如何做父母。對於父母「該有的樣子」，社會有期待、親朋好友有期待，就連孩子都有自己的想法與意見，當然，我們更是不忘時刻鞭策自己盡力去符合種種期望。

未來的無限可能衝擊著傳統的溫馨美好，東方的謹慎蓄斂與西方的自由精神（free spirit）在伯仲間拉鋸，站在眼前的下一代，那環繞在他們身邊，以及將在他們身後無限延展的世界，已然不是我們這代父母曾經經歷過、能用我們的經驗套入、理解，以及預測的了，這讓我們怎能不焦慮？身為現代父母，我們時常在立足點上搖擺，但這並不是一件壞事，這表示我們都使出了洪荒之力在學習，並且擁有十足的彈性，願意隨時調整角度與方向，不為別的，只為了那今天還在腳邊打轉，明天可能就頭也不回地撞進花花世界的牽掛。

小熊媽如同我們的化身，牽著三隻小熊的她，樂在由十八個母親節串起的育兒生涯中，她在中西觀念中悠遊，在新舊交替間輕快地跳躍，巧妙地在日常生活的大小事間，找到了平衡點。不同於多數教養分享書常有的長篇心路歷程，小熊媽的每個章節都簡潔有力，讀來彷彿一幕幕電影分鏡。閱讀當下，我們走進小熊媽與熊兒子們的硝煙現場（當然也有甜甜閃景），在劇情對白都還新鮮熱騰時，還來得及反思我們自己的戰場，參考她的經驗擬定讓我們下次能更好的策略，而小熊媽冷不防出現的幽默，又總是恰巧與讀者心中正翻起的白眼合拍。

我們在學，我們在調整，我們沒有最好，只有更好。我們愛孩子，愛到心底最深之處，多麼希望孩子幼時晶亮的雙眼看著媽媽時所散發出的崇拜，能就這樣永遠持續下去。但我們知道，孩子不能只愛，還要教。面對快速更迭的科技、資訊、想法、觀念，我們是焦慮的，這樣的焦慮，難免偶爾與正急著試用新翅膀的孩子產生衝撞。

小熊媽的文章來得正好，每樣生活的小事，都從愛出發，但不忘與管教和原則緊緊相扣，在孩子展翅的同時，將溫暖、善良、正直、誠實、樂觀……所有那些我們會對著孩子睡著的臉龐輕聲說出的期許，不著痕跡地掛進孩子的行囊之中，相伴一路。

推薦序

陪伴孩子走一段成長路，讓孩子成為他自己

親子作家暨繪本閱讀推廣人　李貞慧

認識小熊媽多年，拜讀過她的每一本書，不管是談親子教養、談親子共學英語，甚至到她的繪本創作，我都好喜歡！小熊媽不僅是我的文友，我更是小熊媽的鐵粉無誤啊！

好開心再次盼到了小熊媽的新書，很榮幸這次受邀為這本新書寫推薦文，讓我能在此書問世前，便能優先閱讀全書稿，這讓身為忠實粉絲的我，感到無比幸福啊！

小熊媽在這本新書裡，以平易近人、深入淺出的文字，分享她從教養三個兒子的歷程中，淬鍊而出的寶貴教養智慧，非常值得身為父母的我們細細閱讀，從中去省思自己對待孩子的心態與方式，也從中學習美好的教養觀點，並適切轉化為可以在自己的家庭裡深耕、實踐的育兒之道。

在新作中，小熊媽以四個篇章娓娓道來她的教養理念與做法，此四篇章分別為：「成為這樣的媽媽」、「分數背後，成績之外」、「成為讓自己幸福，也能帶給別人快樂的人」及「培養面對未來真實世界的能力」，字裡行間自然流露出對孩子的理解與關愛，文章中帶來深思的金句亦俯拾皆是，令人收穫滿滿啊！例如：

- 養孩子，父母一定要有信念：相信孩子終會成長！不必躁進，保持園丁的精神，耐性守候，尊重孩子成長的速度；不要一直心存恐懼，怕孩子輸在起跑線上，更不要老是去跟別人比較。
- 當孩子的朋友前，請記得：父母該訂的原則與界限，不可少。

●學會獨處、處理無聊是他們〔孩子〕一生的課題！父母沒有責任要幫他們安排永遠豐沛有趣、永不無聊的活動。

●請、謝謝、對不起，這三句話要常常掛在嘴邊，因為這三句話也是造就親子和睦的最好潤滑劑！

●不要吝惜給身邊的人一個問候、一個願意聆聽的心意，因為：生命原是殘酷的，在生與死抉擇的懸崖邊，只有愛與溫暖的話語，讓人有勇氣回頭、活下去！

讀著小熊媽滿滿的人生與教養智慧，頗能引發內心深處的共鳴，也不時得到溫柔的啟發與提醒。事實上，世間不可能存在一本準確告訴我們一套萬無一失的育兒方式之教養聖經。閱讀親子教養書籍，不是為了立馬解決自己正遭遇的親子教養困境或難題，而是為了破除自我想法的侷限。藉由不同作者的分享，我們有機會看到自己育兒的盲點及從來沒有想過的觀看事物的方式。

一本好的親子教養書，能夠打開我們的視野、柔軟我們內心的僵化固著，讓我們在育兒路上，一天天往美好的方向修正、進步，成為更好的自己。而小熊媽的這本新書，便是這樣一本能夠帶給身為父母的我們正能量的教養書，希望您和我一樣，從中受益。

作者序

找回教養的初心

這一本書寫了將近十年，主要是在我們返回台灣定居後，孩子們進入青春期的教育紀錄。

在美國時，我養成了每日用部落格記錄美國生活的習慣，回台灣後，就把這習慣移到了臉書上。本書收錄的文章，全都是在台灣教養孩子的實際心得。

人在台灣，回頭看旅居美國的日子，更有一些特別的感受。旁觀者清，當局者迷，要是我沒有在美國住過那麼一段時光，也許無法用一個全新的角度來看台灣的教育吧？

請不要誤會我的意思，我並不認為外國的月亮比較圓，只是東西方教育，各有優、缺點。以前我在台大心理系時，就有讀到**東方教育比較內斂、以社會為重的；而西方教育是比較外放的、重個人的，**真正住過兩地、兩方比較後，我決定選擇盡量用兩方教育的優點，來教養孩子。

寫這本書的心情，其實很樸實，就是希望本著：「**不要太在乎外界的潮流與眼光，來教育自己的孩子的心念**」。日本人常說：「莫忘初心」，意思是不要忘記你做一件事的初衷。但是，因為外在競爭太激烈（亞洲皆如此），原本只希望孩子平安健康成長的初心，但後來常常會迷失，強迫自己與孩子在課業、才藝間，斤斤計較，甚至變成壓制孩子、強迫他完成自己的想望，造成親子關係劍拔弩張，忘記了養育孩子的初心。

在台灣的現況是：雙薪家庭很多，父母很習慣把孩子交給課後班、家教班來管教，這可能是無可厚非的事情；但不要忘記是：孩子畢竟是自己的，一定要珍惜下班後與孩子相處的時間，把正確的價值觀、人生觀好好灌輸給孩子。

我一直堅信：**教養，不能完全外包！**當然，這並不是要求父母要捨棄自己的工作、把一生都奉獻給孩子，因為孩子畢竟會長大，父母與孩子都該各自有各自的人生。只是，在能好好相處的十幾年中，就該指引孩子，讓他在人生的路上，懂得如何走得更穩健、更踏實，這就是為人父母的責任。

正因如此，父母就該好好把握孩子在你身邊短短的十幾年時間，給予真正用心的、有智慧的教養：不只是重孩子的學業成績，更要注重品格的教育、兼顧理性與感性的全人發展。

我的初心，是希望自己的孩子能做個**獨立自主、自律的、體貼別人的、溫柔善良的、能為己也為別人謀幸福的人！**這也是本書的中心思想。本書分為四個章節來陳述這些想法，分別從莫忘教養初心、關於學習與才藝的問題、在現代社會生存的能力，以及如何生涯規劃等不同的方向切入。這些都是孩子大約十歲以後開始遇到的問題，在本書中做了一個總整理，希望對當今父母有所幫助。

這兩年，因為發現得了肺腺癌，我更珍惜與孩子相處的每一刻。如今回頭來看這教育十年的紀錄，其實也是我對生命的省思吧？養育孩子，並不是要他完成自己未完成的夢想，而是讓孩子有一雙堅強的翅膀、能夠飛向屬於他們的夢想！父母就是孩子的築夢幫手，在這協助圓夢的過程中，點點滴滴都是晶瑩剔透、永難忘懷的回憶，這也是人生的意義。

人生很短，透過孩子的成長，我們才能重新找到自己內心深處最想望的東西，並在牽著孩子的手、又同時慢慢學著放手的過程中，學會更善待自己、善待他人、善待整個世界。

這本書完成的時候，正是二〇二〇年新冠肺炎在世界大流行的時候。此時特別感受深刻的事：人事的無常、與世局的變動，很多都不是我們所能控制的！但是身為父母，唯一不變的就是：對孩子們的深愛、對孩子的期許；這份愛，彌足珍貴。我總深信：**愛，就是一切的初心、一切的解答**。

在此也祝福所有父母與孩子，都能夠得著自己夢想、有豐富璀璨的人生！

小熊媽張美蘭

二〇二〇年三月

目錄

推薦序　教養，是無可取代的幸福之旅　彭菊仙　002
推薦序　溫暖的親子日常　魏瑋志（澤爸）　006
推薦序　在中西觀念與新舊交替間的平衡教養　二花小姐　010
推薦序　陪伴孩子走一段成長路，讓孩子成為他自己　李貞慧　014
作者序　找回教養的初心　018

第一章　成為這樣的媽媽

養孩子，不是「超級比一比」　030
成為忍耐的園丁　034
先做好父母，再當好朋友　039
讓「互相競爭」的手足，成為使「彼此進步」的隊友　043
每個孩子，都是父母不同的牽掛　048
沒有「應該」，只有「感謝」　053

第二章

分數背後，成績之外

面對無聊，是孩子自己的責任 058
你的期待，將會轉化為孩子前進的動力 062
當男孩長成少男——珍惜孩子變身前的日子 066
不用推開，他終將離去 070
勇敢跟孩子說：謝謝、我愛你、對不起 076
成為民宿主人的心情 080
母親，請先好好照顧自己 084
教育就像畫畫，要適時留白 090
母親不是司機或才藝經紀人 094
學習猶太教育的精神 098
關於「寫字」這件事 103
如果上學像坐牢，學習還會有樂趣嗎？ 107

與其說教，不如給孩子一個擁抱 113
父母的隨堂測驗 118
當孩子「不願看、也看不懂沒有圖的書」 123
圖書館不是K書中心 127
過度依賴補習，會養成被動學習 132
學好英語，未必要外包 135
給孩子寫作的六個建議 140
從小養成的閱讀習慣，會成為未來寫作的養分 145
比賽，要盡力而為，也要樂在其中 149
加入樂團或球隊，可以培養自律的能力 155
安定，會關閉大腦學習中心 160
身體動起來，大腦也能跟著動起來 163

第三章

成為讓自己幸福，也能帶給別人快樂的人

失敗也有正面的意義 168
告訴孩子：選擇善良 172
用「溫暖」拉人一把 176
當孩子遇到霸凌 181
曾受苦，未必不是祝福 186
做人，至少要對得起自己 190
孩子的道德教育，請大人先從「以身作則」開始 194
3C，一定要管教 198

第四章

培養面對未來真實世界的能力

走出學校，學得更多 206
為何我們養出「不會思考」的孩子？ 210

如果孩子唸的科系「沒前途」 215
讓孩子嘗試各種職業體驗，找到適合自己的位置 219
時時調整人生的方向 224
讓孩子為十八歲的獨立做準備 230

第1章

成為這樣的媽媽

養孩子，不是「超級比一比」。

家長應該要比的，
是孩子的教養夠不夠好？自制力夠不夠好？好奇心夠不夠好？
比誰先會騎腳踏車，真的沒意義。

這年頭當父母真容易焦慮，尤其是亞洲的父母。

當年我家老三上幼兒園後，常遇到他同學的家長問我：「你孩子會騎腳踏車了嗎？不用輔助輪的那種。我孩子還不會，但好多同學都會了！我家孩子是不是太遲鈍？很丟臉？」

五歲而已，騎車有用輔助輪怎是丟臉？

還有類似的：「你家孩子會認字了嗎？中班有個孩子已經會認字了！我好焦

慮，我孩子是不是遲緩兒？」

中班會認字，怎不說那個孩子是早慧？不是你孩子遲緩？

小學生也有類似的家長，孩子才小二，就一直問我：「你家孩子讀哪個國中？附近的我都不滿意，我決定讓孩子去台北市XX國中！（第一名校），要早點打好前途，雖然競爭激烈但對孩子有益……你覺得怎麼樣？」

你不是都已經決定了？我又能如何？

「我想讓孩子去考私中，XX不錯，OO也很好！好煩惱，要考哪一個才好？你說呢？」

其實，我並沒此打算，問我，真的不準確。

「我想讓孩子去實驗小學，但是又怕從體制外到時回來很辛苦，你覺得呢？」

這真的是有利有弊，既然你想要這麼做是不是該自己先想清楚？以示負責？

國中生家長也有類似問題：「我孩子該補全科？去哪裡補？要不要提早補？鄰居孩子都去補了，怎麼辦？」

不需要補的，真的不用浪費時間，除非孩子每科都很糟、且自己也想去補全科；讓孩子有些自由時間、自我探索，不是比較好？去哪裡補？最好要自己做功課拜大神。要提早多久補？也是你個人的決定。

說真的，孩子五歲不會騎兩輪車，我覺得頗正常，這需要比來比去嗎？每個孩子都有自己的成長時間表，也有自己在行與不在行的地方。早點會騎車，很好！晚點才會騎，也沒什麼好丟臉的。

家長要比的，應該是孩子的教養夠不夠好？自制力夠不夠好？好奇心夠不夠好？比誰先會騎車，真的沒意義。到了小學國中，幾乎都會了，晚會的也可能還騎得更快！真的沒什麼好比的。

孩子要上哪所明星高中、哪所私中，要看你的經濟能力與實際限制。我不否認這些學校的確有差別，但是，孩子自己的求學動機，才是最重要的！私中也有混日子的孩子，明星國中也不是人人都能考上第一志願。用外在的力量逼壓、限制，都不如培養一顆赤誠向上的心來得有用。

還有，體制外教育的確有體制外的優點，但是不要把實驗小學當作避風躲浪的所在，我個人認為：孩子總有一天會長大、要進入社會競爭，人生更是一輩子的學習！培養孩子獨立思考、能夠自學的能力，才是終身受用的關鍵！

這一點，在體制內教育是可以做到的。如果你幫孩子選了實驗教育之路，那就要用心陪伴，不要輕易放棄……因為你才是那該負責的人！路人意見，真的不用多問，答案早在你心中。

養孩子，不要比。人比人氣死人，世上有的孩子有補習、穿金履鞋，也有孩子沒溫飽、沒見過補習班！但是，後者未必不會成功。

養孩子，的確該費心，但是不要機關算盡。培養孩子正直、樸實、積極進取的心理，比汲汲營營送去某名校、名補習班，更有長久的價值。

成為忍耐的園丁。

教養孩子，一要能忍耐別人比較的閒言閒語，二要能忍耐等待孩子成長，不揠苗助長。保持園丁的精神，孩子自然會開出美麗的花朵。

我常常覺得，在台灣教養孩子，母親必須學會的功夫就是：忍耐！忍耐什麼呢？**一是要能忍耐別人的閒言閒語，二要忍耐不去揠苗助長。**

當孩子還小的時候，必定會有許多來自於長輩的指點與比較，例如總會說你的孩子怎麼沒有像親戚的孩子那麼出色？你的孩子怎麼比較瘦？（或是太胖？）為何成績比較差？我們的社會氛圍以及傳統習俗，讓母親常常承受許多來自於親戚與長輩的壓力。這時，你就必須學會：忍耐、忍耐、再忍耐！不用去反駁（通常也無效），好好去做好自己該做的事就好了。

我家老大小熊哥出生的時候比較瘦小，吃母奶也不是很順利，所以常常有長輩提醒：妳孩子養得不夠好！到底懂不懂得帶孩子？

當時心裡是不好受，可是反過來想，長輩總是出於善意，也就忍耐下去了。

還好，小熊哥後來證明：雖然身體瘦，但是運動是一等一！高中時，還得過早安台北路跑兩萬人中的第一名！長輩也都對他刮目相看。

所以有些事情，當下跟老一輩的人爭執是沒用的，不如就讓時間，來證明一切。

還有一種忍耐，特別重要，是「**等待孩子成長**」的忍耐。

男孩子的智力成熟時間，通常比女孩子晚，語言發展也不如女孩子成熟，我家小熊哥就是一個例子。

小熊哥小時候是一個非常口拙的孩子，講話會結巴，表達力很差。此外，學業成績也只是平平，只有運動稍稍出色而已。很巧的是附近有位孩子與他同班，是個聰明穩重的女孩，成績常常是第一名。小學畢業典禮，小熊哥只得到一個小獎，樓下的女同學得到全校第一名。

附近的人常來跟我八卦，說我家小熊哥表現怎麼會這麼不如這位女同學？連講話都不清楚。

關於這一點，不需要辯解，我所做的，就是耐心的等待、耐心的灌溉。因為在心理系學過「兒童發展」，知道男生大腦的發展是較晚的。

奇妙的是，當小熊哥上了國中以後，成績漸漸開始出色，連溝通能力都有顯著的進步！後來他在國中考入了資優班，也上了台北市的第一志願高中，到了高中也考入數理資優班。那位女同學，據說只考上一個普通的社區高中。

在高中這段日子裡，他努力爭取當幹部，為大家服務，上台的機會多了，自然口才也有長進。同時他也爭取代表學校到海外短期遊學，高一高二去過了新加坡、北京、韓國，當數理資優班交換學生，與當地的資優生一起上課，這些都開闊了他的眼界，自然講話起來，自信大方許多。

由於小熊哥的案例，我才體會到：有的孩子小的時候不出色，但就像一個英語座右銘說的：孩子就像一朵花，只要給他足夠的陽光、空氣、水，好好照顧，用耐心的等他長大，自然會開花！

我認為，亞洲父母有時太心急，常常讓孩子超前學習：幼稚園就逼著學資優數學、小二就要學小三的數學、小五小六就要學國一的科目！孩子們被逼得提早去學許多他的大腦還無法思考的東西，這是不好的。要知道成長會有一定的進程，除非真的很資優，不然超前學習，反而是事倍功半。這就是「揠苗助長」的行為。

美國電影〈愛國者行動〉中，有一段很棒的話：「**恐懼，是看見你不相信的；信念，是相信你看不見的。**（Seeing what you don't believe in is fear, believing in what you can't see is faith.）」養孩子，父母一定要有信念：相信孩子終會成長！不必躁進，保持園丁的精神，耐心守候，尊重孩子成長的速度；不要一直心存恐懼，怕孩子輸在起跑線上，更不要老是去跟別人比較。因為人生不是一場馬拉松，各人有各人的擅長，起點終點也不同，父母要有耐心，給孩子找到自己方向的機會與耐性。

先做好父母，再當好朋友。

有的家長怕管孩子會給孩子留下心裡的陰影，其實多慮了，只要正常訓誡，孩子並沒有那麼脆弱，有玻璃心的，常常是父母。

「如何成為孩子最好的朋友？」有網友問我這個問題。

老大小熊哥在國中問卷調查時，說母親是最懂他的人，也是家庭中與他關係最好的人。但其實，母子相處並非都沒有不愉快！尤其在青春期，劍拔弩張也是常事。

其實，我不時會「電」孩子：當他們出言不遜、當他們忘了禮教、當他們眼中只有自己自私自利時，我會當下用「放電」（嚴厲的眼神＋話語）來糾正他們，我認為這是身為父母必定要做到的原則。

我不會以「青春期」當作藉口而對孩子放水。只是，事後等孩子冷靜些，我一定會好好解釋「放電」的道理，讓他們了解：被電，是有正當理由的。但如果電錯了（這也是會發生的事），我也會坦率地、真誠地向孩子道歉。

平時，我喜歡與孩子進行幽默的對話，因為母親也要裝裝傻，或不時辦個「講笑話比賽」，讓孩子覺得：跟媽媽在一起，不是只有收到管教與壓力，而是能同傻、同樂、同歡笑！

我會跟他們一起看些男孩喜歡的電影，也推薦好電影給他們看（如：《教會》、《新天堂樂園》、《戰地琴人》、《海上鋼琴師》等）。

我也常常收集好文章，印出來貼在牆上，或寄到兒子email、臉書與Line，讓他們知道該懂的道理與價值觀。

其實，**我並沒有想過要當孩子的朋友，而是要當一個「有原則、但也有彈性」的母親！**

朋友是平等的，但有彈性的母親，還是有其權威的；當需要的時候，定要適時加以管教，絕不放任孩子任意而行。

曾有朋友跟我說：「女孩難養！男孩子雖然皮，但是好控制。你都不知道女兒有多難養，我女兒只要不如意就大鬧天宮！」

其實我覺得：不論男女性別，教養孩子都該記住：民主式教養固然好，但是在尊重孩子同時，孩子必須先學會尊重別人。有時候，過度尊重反而是放縱！

教育，並不是放在讓孩子做他們想做的事情，而是必須讓他們及早了解：世界不是繞著他們轉，敬人者人恆敬之。我曾看過有的孩子，一點點不如意就開始當眾大吵大鬧、尖叫撒野，這是冰凍三尺絕非一日之寒。因為家長平日沒有即時管教：平時只要有錯，就應該提點，違規的就要懲罰。如果平常就有做到，怎會在外面白目的撒潑呢？

有的家長怕管孩子會給孩子留下心裡的陰影，其實是多慮了，只要正常訓誡，孩子並沒有那麼脆弱，有玻璃心的，常常是父母。俗話說：「慈母多敗兒」，這句話不無道理。**今日不管孩子，明天他出了社會由別人來教訓他，傷害可能更多千百倍！**

有次我出遠門，熊爸帶孩子，結果老三熊董放學後不讀書只玩耍、小考慘不忍睹。回家後我嚴正告誡了孩子，並告訴他該如何自主複習，結果才小學一年級的他說：「還是媽媽好，媽媽會教我如何讀書！」

孩子其實也會懂：電他的人，出發點是「愛」，不是只發脾氣而已。最重要的，還是時時關心孩子、適時放手讓孩子試著獨立。當然，這都需要練習，並非一蹴可幾。

我一直記得熊外公有一句名言：「多鼓勵，少責難」，這也是我牆上的座右銘。不過，在當孩子的朋友前，請記得：父母該訂的原則與界限，不可少。

讓「互相競爭」的手足，成為使「彼此進步」的隊友。

「手足」是我們送給孩子很棒的禮物，但父母要針對每個孩子有差異化的管教，更要記得提醒他們：不要因為彼此是親人，就忘了互相尊重。

有位親子作家寫了《還好，我們生了兩個孩子》這本書，但如果養三個兒子呢？對我來說，養男孩是種又氣又好笑的心情。

其實我本就喜歡女兒，也一直希望生個女兒，結果事與願違，老大老二都是男生！本來打算放棄，想想兩個就夠了。但是一直有朋友勸我：如果晚年沒有女兒，會活得很淒慘！所以四十一歲的我，又生了第三胎，結果還是帶把的。

還好，老三活潑貼心又可愛，宇宙級愛撒嬌！全家人把他當寵物養，也讓我觀察到許多兄弟相處的趣事。

我覺得：兄弟之間，的確會有所謂的「競爭」，但也有互相的「砥礪」。老三很早就想自己坐、很想站起來、更想追著哥哥們跑！因為他眼中的哥哥，就是他行為的表率。

當其他幼兒園裡別的孩子，還在聽兒歌時，老三已經在唱〈漂向北方〉。小學一年級，就跟著哥哥們把《哈利波特》系列的所有電影看完了。

記得老三在小一時，有次還很天真的在晚餐時說：「我今天國語小考得了40分耶！」

大哥馬上接話：「我國小每一科都沒有低於80分過。」

數學不好的二哥，在一旁也能夠接話，他不甘示弱地說：「我國語至少都沒有低於70分！」

兩人開始一起笑小弟實在太遜，小傢伙最後淚奔到書房裡，奮發圖強，第二天，國語小考馬上衝上80分！

所以，有手足有時的壓力真大，但也是另一種奮發向上的力量。

還有一次，老三在練小提琴，二哥坐在旁邊打電腦，卻不時給予指點與電擊，說：「你的音準太差了」、「你少拉了一拍……」

一向很忙的大哥，竟然也跑過來說：「原來你剛練的是我小時候拉過的〈優美的變奏曲〉！」

他走進來，拿走小弟使用的四分之一迷你小提琴，忘情的把曲子拉了一遍，然後頗為欣慰地自言自語說：「太好了，手感都沒有忘記耶！」

我在旁邊看了，哭笑不得，到底是誰在練琴呢？身為小弟，壓力真不小！

不過反過來想：有兩個小老師指點，弟弟的進步也很多。

就像五根手指頭都不一樣長，對每個孩子的疼愛也是不一樣的。但是我覺得：差異化的管教，以及因材施教，是十分重要的。

我鼓勵孩子往自己真正有興趣的地方發展，像老大最後選擇了運動、老二喜歡音樂；雖然他們小時候都學過同樣的課外活動，練過同樣的琴，踢過同樣的足球，但我沒有要誰模仿誰、更沒有說過：「你怎麼不學學你的大哥／你怎麼不看看你的弟弟？」這種言論只會傷害孩子，引導惡性競爭。手足之間，千萬不要常常互相比較。

此外，我盡量抽出時間給與每一個孩子都有單獨相處的機會。有時候陪老大去看運動型的電影，陪老二去聽不同的音樂會，陪老三去踢足球或游泳。有時候我也會請老公幫忙一起陪伴孩子，輪流排班陪伴，讓父親也有參與感。

同時，針對青春期講話比較衝的孩子，我會時時點醒他們：對待手足，一定要有禮貌，不要因為是親人，就忘了互相尊重。

我們把孩子帶到世界上來，送給他們手足，是很棒的禮物。但真的要小心：禮物有的時候是會變質，也會傷人的。

在中國的宮廷戲劇裡，常常有兄弟鬩牆的情節出現，現代的一些大財閥也有類似的事情上演。家長一定要注意：時時關照每一個孩子的心靈，讓手足之間從競爭走向合作、走向雙贏。

每個孩子，都是父母不同的牽掛。

老二文青男參加小學畢業旅行不在家的那幾天，我煮的晚餐都沒什麼人動，我這才想起平常總是他最捧場，吃得好開心，一碗接一碗。兒子，等你回來，我一定要好好謝謝你……

每個孩子，都有不同的可愛之處，也是父母不同的牽掛。

我家老二，外號文青男，一直都是最讓我掛心的孩子；他很像科學家牛頓（除了沒有白色假髮），是會把自己的錶當作雞蛋煮來吃的那種人物！

平時他總是忘東忘西，一見到書就廢寢忘食！（但不包括任何教科書）。

小時候的他很愛講話，進入青春期後卻惜字如金，讓母親總納悶：他到底在想什麼？

文青男的小學畢業旅行，讓我印象很深刻。雖然當時的他常常思想消極，卻也開始在小白板上寫著：「距離畢旅六天」、「距離畢旅五天」等倒數字樣。我知道，他是很期待這三天兩夜旅行的。

他也很隨興。我家老大國中畢旅也是三天兩夜，帶了一個中行李箱，裡面塞滿各式衣物鞋襪、頭痛藥鼻塞藥胃腸藥、毛巾牙刷備用品、耳塞外套隨身聽、充電器轉換器手機等東西；兩周後，輪老二小學畢旅，只見他拿出一個最小最小的登機箱，丟進兩件上衣、兩條內褲、兩件短褲，然後拍拍手說：「我收好了！」

我問：「不是去三天嗎？」

他說：「對啊，第一天那套衣服穿著走，牙刷毛巾旅館都有，我不怕冷所以免外套。就這樣。」

好瀟灑啊！

他胃腸好，沒過敏，好吃好睡哪用著耳塞胃腸藥？跟哥哥比起來，真的自在多了。

畢業旅行當天，一大早起床我卻沒看到他人影……原來他五點多就自己醒來，開開心心地衝到學校集合了！平時拉他推他敲鑼打鼓，他都醒不來，看來畢旅的魅力真大。

話說他出發前半個月，就一直要我借他智慧型手機。我問他有何用途？他大聲說：「要拍照片傳給媽媽看啊！」

結果，畢旅期間導師很貼心，在班級 Line 群組不斷傳來實況照片（算算已超過一百張！）眾爸媽開心地 Line 回著：

「喔，車上團康好 High 啊～」

「午餐看起來好豐盛！」

「大太陽，看起來天氣好好！」

「謝謝老師傳來好多照片，讓我很有追劇的感覺！」

而苦等在電腦前的我，終於在很晚的晚上，收到他用手機傳來幾個字：**媽，我到旅館了！**

真正是兒子不懂天下父母心啊……

而老二畢旅出門這三天，老大與老三從沒提過想念他；更精確地說：老大是開心的，房間屬於他一個人了！老三更高興，玩具都是他的了！只有傻傻的老媽，每天守著Line等照片，也盼著兒子用手機傳來新訊息。

終於，又到很晚的晚上，他又寫來幾個字……**我到旅館了！**

兒子，你是沒有別的可以寫了嗎？可以說說你的餐點、談談你的營火晚會與農場生態嗎？

還好，雖然沒有他傳的照片，但每天導師盡責地不斷傳來最即時照片，連校長都傳來孩子們營火晚會的照片與影片。

此時感受到：小學校，人少感情好！連校長都可當報馬仔，時時插播速報！讓母親能用追劇的心情，雖不能親臨，也能一同感受那開心。

畢旅第二晚，我煮了一鍋好湯，結果沒什麼人動，飯菜消失的也很慢……才想起老二最捧場，不管我煮什麼餐點，他都吃得好開心！總是一碗接一碗＋再來一碗，還會兩眼閃閃發光的看著我……

兒子，媽媽知道你多重要了：你就是那最肯定我廚藝的人！等你回來，我一定要好好謝謝你。

一次他的畢業旅行，讓母親重新體會：**平時最讓人勞心的孩子，也有那放不下的思念……每一個孩子，都是父母心中永遠的、不同的牽掛吧？**

沒有「應該」，只有「感謝」

「沒有應該，只有感謝！」，是一位媽媽送給孩子的畢業贈語。其實，現代家長們對許多學校事務的參與，也該抱持同樣的心態。因為，「教育一個孩子，需要全村的力量。」

參加過很多次畢業典禮，我很喜歡老三的幼兒園畢業典禮。那個幼兒園小小的，大、中、小班都只有一班，每班人數不多，但老師很多，所以師生感情很好。畢業典禮感人的是：**畢業生只有十九人，每個孩子都是特別的！**不但開場有每個人的照片、個人介紹，十九個孩子都在台上講出自己的畢業感言；而十九人的爸媽，也受邀一一上台、講出心裡的話。

有的母親，還沒講話就哽咽了，因為是孩子的第一個畢業典禮，感動無比；

有的父親擁著可愛的女兒，滿臉欣喜地對師長說感謝。但是我記憶最深刻的，是一位母親的話語。

這位母親十分活潑大方，因為爸爸不能出席，她代替爸爸念了一段要送給女兒的話。在感謝了每一位幼兒園老師以後，她突然大聲發號口令，要女兒立正站好，然後嚴肅地說：「女兒，媽媽恭喜妳畢業了，有一句話一定要送給妳：請記住，**這世界上，沒有應該，只有感謝！**，我再重複一次：沒有應該，只有感謝！」

女兒可愛地傻笑著，不知道聽懂沒有。但是這段話卻給我許多感觸。

畢業典禮後，接下來馬上就召開國小學期末的家長委員會。照慣例，許多家長委員沒有出席！這個慣例不知道是否已是各校常態，只能說現代家長都太忙了！為了能達到法定開會人數，家長會長A努力打電話拜託委員來出席，其他家長也一起幫忙，大家打了好幾通電話後……終於，接受到足夠的委託，可以開會了，但這也拖了快一小時！

家長會長A很體貼，為大家準備了晚餐，不是便當，而是類似自助餐的一道道大盤菜，有蝦米炒瓠瓜、番茄炒蛋、滷雞肉、薑絲炒大腸，還有飯後水果西瓜盤。他說：是特地請老母親為大家做的！要慰問家長委員的辛勞，請大家多吃一點。

會議就在審核經費運用中過去。老實說，可能景氣不好，家長會募得款項十分不足，但是學校老師與主任很用心，努力節衣縮食，把親職教育日、親職講座、運動會、畢業典禮、校刊等許多費用，都盡力壓到最低，這些都要家長會募款才有錢舉辦，可能很多家長都不知道，本來募到的款項是不夠用的，但最後神奇地勉強達成任務。

只是，如此慘澹經營，我為學校執行的老師們捏把冷汗，更想起立鼓掌。

然後卻有家長發難了，他質疑：家長會長A在運動會不是發了募款信？怎麼只募到了這些錢？是不是不夠努力？成效不夠好！

只見家長會長A臉色凝重，不發一語。

其實，他當場有懇辭下屆家長會長，希望能換人做做；而現場沒人敢抬頭、敢自願。

這是當然的。

我突然想起那位幼兒園母親送給女兒的話：沒有應該，只有感謝！

現代的家長，是不是把太多事情當作是別人應該做的？

家長會長就應該為學校募款不利負責？家長會長就應該常常隨叫隨到、來學校為孩子服務、開會？家長會長就應該多捐一點錢？家長會長就應該請大家吃飯，因為他頭頂寫了一個「凱」字？

此外，身為家長委員，不能來開會是否也該事先寫好委託書，不要讓家長會三請四請，更不該讓其他家長在會議室枯等，因為大家的時間都很寶貴。

當家長會長又要出錢、又要出力、還要被批評，如果沒有要選立委選民代，誰想擔下這些吃力不討好的事？

有句話說：**教育一個孩子，需要全村的力量**。其實不只孩子要記住：沒有應該，只有感謝！現代家長們對許多事務，是不是也該抱持同樣的心態？

若工作忙不能參與，是可以體諒的，但是對願意幫忙來校做事的家長（不只是家長會長，也包括志工家長），是不是也該思考這句話：這世界上，沒有應該，只有感謝！

面對無聊，是孩子自己的責任。

我極力建議不要給孩子滿滿的學習時間表，要讓他們有放空無聊的時間，思考自己要做什麼，並學會如何自己獨處。

有次我到公園看到一對父母，帶大約六歲的男孩子到公園，那孩子才剛進來就大聲說：「這裡很無聊耶！沒有好玩的，無聊、無聊、無聊！」

我發現這對父母馬上驚慌失措，趕快要找些孩子喜歡的、他認為有趣的事情來討好他。一位拿出手機，另一位溫言勸慰，然後小男孩就開始玩手機遊戲了！

其實我個人覺得這是不對的。應該讓孩子明白：面對無聊，是他自己的責任，他必須學會找事情來做，讓自己不會無聊，而不是爸媽有義務要來娛樂他、討好他。

我家孩子在暑假時，一開始也會一直吵著要待在家裡，但待在家裡幾天後，就會說：我好無聊喔！

我會跟他們說：「**媽媽沒有義務要讓你有聊**！家裡有很多書你沒有看過；有很多玩具你也可以再玩一次，也有CD可以放音樂來聽，也有剪刀你可以來做剪紙。」

但是我會管制他們不能看電視，或者使用電腦以及平板。漸漸地，他們就會去看書，或者是聽音樂、聽有聲書，或者有時候自己拿一本摺紙的書來學摺紙。

我家到處都有書架，每個房間都放書，所以孩子跟我喊無聊之後，往往會隨手拿起一本書來看。這些書架的書，我會定時更新，書也不是全用買的，我會定期去各大圖書館幫孩子們選適合的書籍。

說實話，現在的父母比較疼孩子，總認為要幫他們安排好每一刻充滿快樂、充滿教育的時間！事實上，我極力推薦要讓孩子有放空無聊的時間，這樣他們才會找一些書來看，或是學習如何自己獨處。

學會獨處，是一個很重要的技巧。人終究會面對自己，不可能永遠可以呼朋引伴，因此，一定要在孩子還小的時候，就讓他們知道：**學會獨處、處理無聊是他們一生的課題！**父母沒有責任要幫他們安排永遠豐沛有趣、永不無聊的活動。

孩子們必須學會規劃去做一些自己想做的事情，同時在面對無聊的時候，才會知道自己真正喜歡做的事情是什麼。而這也是將來生涯規劃、或者是職業選擇時，一個不錯的參考與起點。

每到寒暑假，我會先詢問孩子們想做什麼，但不會幫他們排滿行程。通常會有一兩個營隊，然後就是放空的時間。

放空，不是發呆，而是可以自己安排的美好時光。有時他們想去逛逛植物園博物館，有時就隨時出發去海邊！（台灣真的很方便，搭個火車馬上就到海邊）有時，就只是在家裡安靜地看書。

這樣做，孩子反而比較懂得去想：喔~我真正想做的是什麼？而不是想：沒人安排我玩，我好無聊！

只要把發球權放在他們手中，讓他們自己去選擇不無聊的目標，投球出去！這樣才能化被動為主動，同時發掘孩子真正的興趣。

從現在開始，請不要給孩子滿滿的學習時間表！一定要給他們空白的時間，讓他們面對無聊、讓他們思考：什麼才是自己想要做的事情？什麼事情做起來對自己很快樂？

這樣，才能真正一輩子不無聊。

你的期待，將會轉化為孩子前進的動力。

父母時時給予正面的鼓勵，可以改變一個孩子的命運。因為這些期待與話語，將會內化成他的自我期許，以及對未來人生的預言，這是種催眠與暗示，能提升孩子正面的能量。

身為父母，應該時時說出對孩子的正面肯定與期待，不要老是唱衰孩子；因為你說出的每句話，孩子都會當真，並轉化為內在的動力。

大學時代的我，常去給國中生家教，好自立自強換取大學學費。

記得我有個很內向的家教學生，父親每天念他，說他笨到沒藥救，一輩子沒出息！還說孩子的基因就像他媽，不像自己那麼優秀。即使我在現場，他還是不顧孩子與母親的自尊，念個不停。所以每次去，都看到母子消沉又畏縮的臉孔。

這樣的父親才是沒藥救。

曾看過一篇有關愛迪生的網路文章。說實話，愛迪生的故事有很多種說法，這一則未必真實，但它的描述我很欣賞，如果時光能倒流，我很想寄給那位父親看看。內容如下：

當愛迪生還是小孩的時候，有一天從學校放學回家，把一張小紙條交給他媽說：「媽，我的老師將這紙條遞給我，並說只有妳能看。他說什麼呢？」

他媽媽邊看邊流淚，然後大聲讀給孩子聽：「你的孩子是天才！這個學校對他來說太小了，沒有好老師可以訓練他，請你自己教導他。」

愛迪生的母親過世很多年之後，有一天，他無意翻到當年學校寫給媽媽的信，他打開後，赫然發現信上其實是這樣寫的：「你的孩子智商或精神有問題，我們不能讓他繼續留在學校就讀，教了也沒用，他被退學了！」

愛迪生讀了，心情非常激動，後來他在日記上這樣寫著：「湯瑪士・愛迪生是一個有缺陷的小孩，但他的母親把他改變成為世紀的天才！」

心理學上有一個很有名的「畢馬龍效應」（Pygmalion Effect），是指人（通常是指孩童或學生）在被賦予更高期望以後，他們會表現得更好的一種現象。也就是說：內心常常帶著負面期望的人，將會失敗；而內心常常帶著正面期望的人，將會成功。這就是所謂的「自我實現的預言」。

所以，請不要老是當孩子的面說他沒救了！那麼原本可能有救，也沒藥醫了。孩子也是人，需要正向的鼓勵與自尊，不該因為他小就可以任意謾罵、汙衊。如果你天天說他笨，他自然對自己沒信心，又如何會試著去克服困難呢？

請盡量給孩子正面的期待與鼓勵，因為父母的期待與說法，將會內化成為他對自己的期待、未來人生的預言。這就是一種催眠與暗示，而這種暗示能提升孩子正面的能量。

反之，如果你一直嫌棄他、咒罵他，他也會在潛意識中告訴自己：我就是沒藥救、我就是沒能力，這樣一來，反而不會有努力的動機，因為已經被父母催眠、相信自己做不到了。

我家老二從小課業表現一直不好，國小還遇過長期霸凌，但是上了國中以後，每晚我都去抱抱他，告訴他說：「你就像一隻大鵬鳥，以前頭腦還沒發育好，現在一切不同了！你不飛則已、一飛衝天；不鳴則已、一鳴驚人！」

很奇妙的是，他自己也漸漸接受了這個暗示，國二國三起，成績與表現都有了起色，也開始喜歡自己、認為自己其實是個不錯的人。

所以，身為父母請記得：時時正面的鼓勵，可以改變一個孩子的命運。

當男孩長成少男——珍惜孩子變身前的日子。

我家的三個男孩，讓我體驗三次他們變身的過程，
這過程有趣、有成就感，卻又令我有些許傷感：
以前抱著、牽著的小搗蛋，怎麼如今都變成要抬頭才能仰望的大人了呢？

養育男孩子，是種神奇的體驗。雖然男孩好動又多話、衝動又喜怒形於色，但是有種經歷，是母親很難忘的，那就是青春期的大變身！

以前總是比你矮小的孩子，到了十歲以後，就開始出現一些變身症狀：

1. 很沒神，一臉超想睡覺，每睡一次大一吋！
2. 時時刻刻都喊餓、永永遠遠吃不飽！

3.說話開始聲音沙啞，但你以為只是感冒！

話說老大小熊哥在上小六時，開始急速增高，我還趕快跟他拍照留念……果不其然，到了他十四歲（國二），我已經要用四十五度的仰角跟他說話了。

他因為從小過敏，身體比較瘦，所以在這神奇的拉長（就像被擀麵棍壓過）過程中，更覺得他變成前胸貼後背、十足非洲饑民的體格！這段日子，每次回公婆或娘家時，長輩都會很擔心地摸摸他那骨感的身材，煩惱地詢問：

「到底這孩子有沒有吃飯？怎麼身上都沒有肉呢？」

然後老公就會斜眼調侃道：「飯都被媽媽吃光、肉都長到媽媽身上了啦！」

這真是天下最大的黑鍋！殊不知老大每天回家就是狼吞虎嚥，從下課進門吃到晚上睡前，連媽媽的晚餐都吃掉的次數比較多！但是，就是只長高、沒長肉。

妙的是，當國中的大哥在變身同時，差三歲的老二（小五生）也來湊熱鬧：每天吵著想睡覺、食量大如牛……然後某一天，熊爸對我擠眉弄眼的說：「喂，他開始了，要準備登大人的湯藥了！」

我還莫名其妙地問：「誰啊？『開始』什麼？」

老公有點不高興、臉上是「怎麼當媽還沒發現」的非難表情，說：「老二啊！他都正在變聲了，妳都聽不出來喔？」

我又不是男生，沒有像這樣毛毛蟲變蝴蝶過；加上我家孩子都是低嗓音，怎麼會知道誰在變聲＋變身？況且他才五年級，變什麼身啊？

不過老二原本長得圓呼呼的，當他開始體驗「神奇的擀麵棍旅程」……不，神奇的抽高旅程時，這改變是很美好的：變成穠纖合度、身材標準的小帥哥！所以，男孩子青春期前若胖壯一點，也是件好事，抽高後，將有意想不到的視覺效果啊……

那時，在某天晚餐，老大提醒我：「弟弟身高快超過妳了，快拍張紀念照喔！」

老二馬上站起來，用很神氣的表情比比自己的頭頂，再比比我的頭頂……

唉，又該拍第二次紀念照了。

時光飛逝，將來，我注定會是家裡最矮的人了。

三個男孩，體驗三次變身，這種過程雖有趣又有成就感，但是也會有些許感傷：**以前抱在懷裡暖呼呼的、牽在手裡跳啊跳的小搗蛋，怎麼一個個變成要抬頭仰望的大人了呢？**還希望能好好抱抱他們、疼疼他們哪……眨眼間，他們又高又大了。

母親臉上與手上的皺紋，換來一個個高大的棟樑……祝福你們，正在變身中的少年、少女們，你們是我們未來的希望！

不用推開，他終將離去。

在兩個大孩子對我依戀的保存期限陸續到期，我慶幸自己曾在孩子年幼時盡力陪伴過他們，如今他們振翅高飛，也只能獻上深深祝福。

很多父母希望孩子早早獨立，但我要提醒父母：不用急著推開孩子，因為終有一日，他們將會離去。

話說老大的青春期，大約是小學六年級到國二。原本是最負責任、最貼心的他，開始動不動就暴跳如雷，一點小事也氣得跺腳，我稱之為**「火山青春期」**。還好，火山爆發兩年多後，國二下的他終於穩定許多，活火山開始休眠了，萬幸萬幸。

不過，老二的症頭可就與老大不同了。在六年級的暑假前，他對我說：「我什麼都不想參加，只想待在家裡念愛看的書！」

就這樣，他沒有參加任何營隊，除了學校社團：弦樂暑訓、足球暑訓這兩個活動外，其他時間都在家裡。

這時的他，已經開始變聲。而邁入青春期時期，也是正式進入與父母對抗的日子。從小一向溫吞、逆來順受的他，出現的模式是**「冰河青春期」**，也就是說：他不會暴跳如雷，但是就是天天想冬眠，不但睡得超多（當然吃更多！），而且你說什麼，他都會冷冷地回答：「我不要。」

如果你堅持說：「你還是要。」

他還是回答：「我不要。」（而且不動，自顧自看書）

「請你一定要！」

「我。就。是。不。要。」（繼續不會動）

更讓母親飆淚的是，小時候放假要帶他出去玩，他總是開心又期待的不得了。現在要帶他出去玩，卻有如登天般困難！每次一聽到要跟媽媽出去，就開始皺眉，然後還是一句：「我。不。要。」

「去兒童新樂園？去看電影？去科教館？去游泳？打球？騎腳踏車？」

「我不要、我不要、我不要、我不要、我什麼都不要……」

當時十一歲的他，已經不想再跟媽媽出門了；連請他吃頓好吃的午餐，都唉聲嘆氣，硬拉才出門，好像要出錢的是他，而吃的，是塑膠橡皮。

跟老二正好相反的對照組，是那時才四歲的老三；他天天想黏著母親，暑假有幾天送他去幼兒園，也要眼淚汪汪的十八相送、不肯進去；晚上則是一定要緊緊抱著媽媽，好像沒抱到，媽媽就會開小差，偷偷離去。

但是，仔細回想當年，老二也曾這樣對過我。還記得他上幼兒園時，也是每天十八相送，如今，卻巴不得媽媽早點離去；連有時開車順路、想送他去學琴，他都會說：「不，我自己一個人去就好了！千萬不要跟著我喔！」

真心酸哪！

這種狀況一直到國一國二，還是很嚴重。我後來才發覺，他國小在中高年級時，受到同學排擠、霸凌，所以開朗的個性丕變。但還好的是，國中後遇到好的導師、活潑的同學，他的個性才又恢復開朗、柔軟。

瑪麗亞・蒙特梭利曾寫過一篇文章：

「大家都有過這樣的經驗：晚上要睡覺時，兒童總是喜歡要求成人陪他睡，這不是因為兒童調皮，而是因為他們深愛著成人，不願看到成人離開。

當成人去餐廳吃飯時，還在吃奶的孩子也一定要跟來，他不是要吃他還不能消化的東西，而是想待在成人身邊，可以時刻看到成人。

可惜的是，成人並沒有能意識到兒童這種深刻的愛。成人必須知道，現在如此深愛著你的兒童有一天終將長大，並慢慢離開父母的懷抱。等到那時候，誰還會像現在這孩子那樣深愛我們呢？誰還會在睡覺的時候呼喚我們，並深情地說：「和我在一起」，而不是冷淡地祝我們：『晚安』呢？

當我們在用餐時，誰會僅僅是為了看著我們，而真誠地站在我們身邊呢？這種愛我們將永遠再也不能得到了！可是，當這種愛在身邊時，我們卻在防衛這種愛！

人們叨叨絮絮地說：『我沒有時間！我無法！我很忙！』然而，在他們內心深處所想的是：『我不能成為孩子的奴隸，所以我必須糾正孩子！』就這樣，成人想盡方法要擺脫掉孩子的束縛，因為只有這樣他們才能方便去做想做的事……」

對於此文，我有深深的感觸：**孩子對大人的依戀源自他的深愛，而這份依戀是有保存期限的。**

在我對兩個大孩子而言的保存期限陸續到期後，我也終於領悟此文的意義。

還好，我曾在孩子幼小時，盡力陪伴過他們，如今他們想振翅高飛，也只能獻上深深祝福。

在老三迷你熊睡前仍會用力抱著我時，我總是摸摸他的頭，回抱他；因為我知道，**這種依戀，也終將離我遠去……在還能擁有的時刻，怎能不珍惜？**

勇敢跟孩子說：謝謝、我愛你、對不起。

「天底下無不是的父母」——這句話我是絕不認同的！父母一定也會犯錯。當犯錯時，一定要勇敢坦承錯誤，孩子才會信服你的管教。而且，道歉並不會折損為人父母的威嚴，反而更會拉近親子間的關係。

我常告訴孩子們：即使對家人，也一定要注重禮貌，不要因為是自己的親人而疏忽了禮節、講話口無遮攔、沒大沒小沒分寸，這是最糟糕的一件事情！因為小時候在家對親人沒禮貌，出社會後就可能更容易會對長官同事沒禮貌，前途堪慮。

記得我高中在北一女求學，過著蠻開心的生活。我一直很難忘一位班長，她是個十分有禮貌的人。有一次，她做錯了一件事情，班上同學都對她不太諒解的時候，她很鎮定又大方地走到講台上，跟大家深深鞠了一個躬說：「真的很對不起！這一次的事情，是我個人的錯，我在此跟大家真心地道歉！我會努力去彌補我的錯誤。」

當她頭低下去的那一刻，大家心裡的氣就減少很多；當她說完道歉以後，我也深深地佩服她的勇氣！

從那次之後，我也學會了：每當自己做錯事情，就要誠懇地道歉，不管對方能不能接受，這是做人最基本的禮節。

同樣的，當孩子越來越大，我也要求自己要用對待朋友的禮節，來對待他們。當我需要幫忙時，會跟他們說：「請你們幫媽媽做這件事情好嗎？」當他們做完我的請求，我一定會加一句：「謝謝你，你真是幫了我很大的忙、是我的好幫手！」

還有，「天底下無不是的父母」——這一句話我是絕不認同的！父母也是人，不是神，一定會犯錯，所以犯錯的時候，一定要勇敢坦承自己的錯誤，這樣孩子才會信服你的管教。

年輕時，有幾次我曾冤枉了孩子，常在責罵他們之後，才發現自己的錯誤。以前的我，是拉不下臉來跟他們道歉的，但是慢慢的，我想起高中班長道歉的事情，這件事不時警惕著我，所以後來當我發現自己在教養上做錯時，都會及時到孩子面前，告訴他們：「對不起，這一次是媽媽錯了，是我沒有查清楚，冤枉了你……請你原諒媽媽好嗎？」

而我的確發現：向孩子坦白認錯，是一件很棒的事情！

通常孩子會十分開心地看著你，雖然沒有馬上說：「我原諒你！」但是臉上絕對會是釋懷的表情，這樣母子的關係反而更親近了。

記得我以前在花旗銀行工作的時候，曾經擔任過信用卡的客戶抱怨處理工作；當時我的訓練老師就說：「當你接到客戶抱怨電話的時候，一開始你就要說：『真的十分抱歉！』、或『很抱歉造成你的不便』……這些字句，這樣，客人的氣常常就會自動地消一半。千萬不要硬拗、推託或亂找藉口！這樣只會讓對方的怒火更上升，火上加油！」

這些說法，我覺得在教養上也是一樣有用。當你發現自己對孩子有不公平、或有所誤解的時候，千萬不要忘記：馬上跟他道歉！**道歉並不會折損為人父母的威嚴，反而更會拉近親子之間的關係。**

請、謝謝、對不起，這三句話要常常掛在嘴邊，因為這三句話也是造就親子和睦的最好潤滑劑！

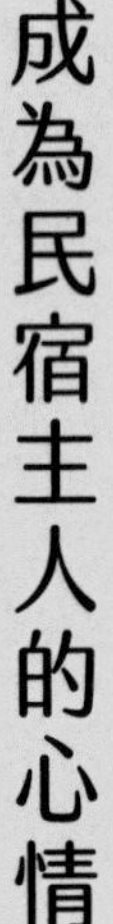

成為民宿主人的心情。

我家有兩位要考大學與高中的考生，日日早出晚歸，
我這個母親，就像主持著Ｂ＆Ｂ的民宿主人，
但這間民宿，永遠會為孩子溫情開放！

小熊哥的高中生活十分忙碌，除了念書，課外活動很多，連吃飯睡覺時間都有限。即使距離大學學測的日子已經開始倒數計時，他仍日日早出晚歸。

母親，成了民宿主人！我就像主持著一個B&B。真的，無違和感。

有一晚，他比較早回家，在房間裡努力工作……母親感覺好久沒見到兒子（雖然每晚都有回家），便不時跑去送水果，面帶慈愛看著他，輕輕摸摸他的頭。

正在母愛滿溢時，小熊哥不高興地回頭說：「可以不要打擾我嗎？正在忙著寫投影片，會分心的！」

然後把我推到門外，用力把門關上。（母親內傷中……）

第二天，他說要去當志工，也是一大早出門，天黑回家便累得倒頭大睡，到底做了什麼，這麼累？但身為民宿主人，也只能偷偷納悶著。

還好，稍後導師在班級Line群組，傳來訊息與照片：

「本居〈國際資優教育雙年會〉，在台灣舉行（兩年前在杜拜），恭逢其盛，同時參加報告以及擔任志工！

緊張、忙碌的週末，但是對於能為自己心愛的土地盡綿薄之力，與國際之間互動，見見好朋友，認識新朋友，又是如此的欣喜。

小熊哥與OO、XX表現優秀，第一次師生共同合作報告無比珍貴，附上照片，紀念美好而特別的一天！」

原來，那晚他在準備與老師一起報告的投影片。

之後，他接待美國友人、又去當國際年會的英語志工、還有成果發表會英語場報告，他說，講英語的場合好多，最後決定連校內英語演講比賽，都臨時推掉！

我問：「為何要推掉英語演講比賽？不推掉其他的事情呢？」

他說：「演講比賽是虛名，其他的活動，比較有真實意義！」

喔……真是不同的見解，佩服佩服。好吧，民宿主只能真心地說聲：有空，請記得好好睡個覺吧？Bed & Breakfast，永遠溫情為您開放！

老二文青男，與大哥相差三歲，兩人在同一時間成為考生。要考高中的他，每天清晨六點出門，學校晚自習到深夜十一點才回到家門！算算母子每天見面的時間，大約不到半小時。回到家通常他都十分疲累，洗個澡就睡覺了。

但是我每晚都會幫兩位考生燉點當歸紅棗雞湯、紅豆甜粥等點心，切好水果，讓他們回家後，還能有與母親坐在餐桌上聊聊天的機會。

睡覺前，我必定會去抱抱他們，告訴他們：考試盡力就好，不論結果如何，媽媽都愛著他們。

老二文青男也終於擺脫青春期的孤僻，當我去抱他時，他會緊握我的手，放在臉頰旁愛憐的摩擦，這是他長大後難得的撒嬌。

我知道，男孩長大，這樣的撒嬌會越來越少（老大就是），所以很珍惜還有這樣的機會。這是民宿主人一天中，最感動的一刻！

以上，是一位民宿主人的真實紀錄。請記得：在能陪伴孩子時，要把握機會多多陪伴，很快他們就不用陪了！因為，你／妳也可能成為下一位民宿主人。

母親，請先好好照顧自己

許多母親的身邊，都有不少能量吸血鬼在吸取他們的正能量。媽媽們請幫自己畫定界線，有些事情能簡則簡、能推就推，不要擔下太多重擔。身體壞了，孩子失去依靠，周圍的能量吸血鬼也不會幫你，更可能落井下石。

我身邊有不少疲於奔命的女性，職業婦女是家庭公司兩頭燒，全職媽媽也不輕鬆，除了要照顧自己的家，還有婆家娘家、學校志工與家長會事務，忙不完！可是家人未必會對疲累的母親給予同情。事實上，根據統計，目前家庭的家事，大部分還是由母親一肩挑起，孩子的照顧、課業也是母親在煩心。

外子工作繁忙，我出遊永遠要帶著孩子，結婚十八年後，終於有一次可以與母親去一趟國內小旅行。孩子們都上學，趁著政府有秋冬獎勵計畫，母女去了南投杉林溪、高雄茂林紫蝶幽谷、六合夜市，以及台中雕塑公園走走。出去的第一晚，我睡得好香甜！長期為了照顧三個孩子而睡眠不足的我，十多年第一次睡得那麼輕鬆！

我開心地告訴母親，她心疼地望著我說：「以後，要常常跟媽媽來旅行，好好休息一下！」

我有一位好友在大學教書，卻要照顧失明的婆婆，還有忙不完的家事、學校行政工作、帶不完的實習課，更誇張的是：孩子高中的家長會也一定要她兼個副會長職務！到最後，她真的快崩潰了，身體不斷出狀況，她只能在臉書上以血淚訴說她的辛苦。

這讓我想到一個研究。克莉絲汀諾瑟普博士（Christiane Northrup M.D.）在數十年的臨床診療中，從不同女性病患身上，發現一個共同的現象：這些女性們吃得很健康、也有保持適當良好的運動、事業有成，表面看上去一切都好，但是健康卻反覆出問題！好不容易治療好，不久後又回來報到，讓這位博士很納悶。

在深入了解每位病患的背景後，發現她們多半充滿愛心與同情、超級會關懷旁人的人，她稱這種人叫做「共感人」（empaths）。而她們的背後卻都藏著另一個人，一種從她們身上吸取生命能量的人，稱之為「能量吸血鬼」。

共感人的溫暖特質與願意付出，通常會吸引「能量吸血鬼」前來依附，這些「能量吸血鬼」開始靠著共感人的能量壯大，卻將共感人的人生撕毀，讓他們在健康、心理、財務上，蒙受極大損失。

事實上，**心理學所說的情緒勒索、情感操控，都跟「能量吸血鬼」有關。**

許多人的生命，包圍著不同的能量吸血鬼，人們不自知這是一種恐怖的黑暗勢力，直到自己的健康出現問題，失去工作、收入、創造力，嚴重的甚至會丟掉尊嚴與自信。

我發現，自己身邊真的有許多母親是如此：不少能量吸血鬼正在吸取著她們的正能量！

作為一名女性，其實與共感人的使命很像：為世界帶來光明！許多母親都具有的高度愛心與同情，不僅療癒旁人，更讓這個星球美善。

請每一位母親記得：妳在世界上的使命，不是供應吸血鬼能量，而是要點亮這個家庭！記住：要幫自己畫一個界線。有些事情能簡則簡、能推就推，不要讓自己肩上擔下太多重擔！身體壞了，孩子失去依靠，其實周圍的能量吸血鬼也不會幫你，更可能落井下石。

一定要對自己好一些，讓自己不要老是疲於奔命。身體健康，精神就愉快，有了愉快的母親，才會有愉快的小孩、有光明的家庭。

第2章

成績背後，分數之外

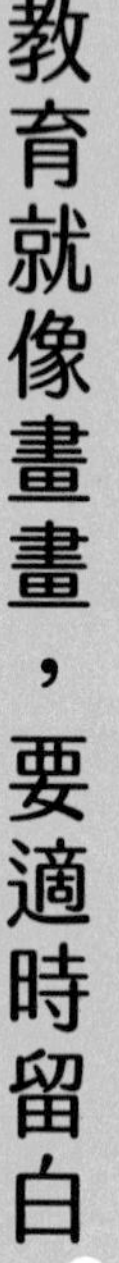

教育就像畫畫，要適時留白。

孩子的腦，需要適當的休息，
給他們一些喘息的機會，去奔跑、去唱歌、去畫畫。
因為童年很短暫，要讓他們有時間當真正的小孩。

我曾看過一部印象十分深刻的影片，是美國製片麥可摩爾紀錄片〈下一個入侵是甚麼？〉（Where to invade next?），擷取關於芬蘭教育世界第一探索。

以前，看到台灣太多談芬蘭教育的文章，說真的有些厭倦。不過這影片是美國人去拍的，角度就有趣了。

芬蘭沒有私立學校，學校收費是觸法的，所以有錢人必須確保公立學校是好的，有錢孩子必須與一般孩子一起上學。根據芬蘭的說法，好處是：**當以後有錢**

孩子長大後，會想到平民同學，而不會去剝削窮人！（好有趣的論點）

沒有私校、上課也不用選學區，這點美國做不到，台灣也做不到。

芬蘭希望孩子少些上課，多些玩樂，也多些課外活動。因為生活不只是上課，要學的還有很多。這點，亞洲幾乎都很難做到。

芬蘭學校，是教孩子如何找到人生幸福的方法，而不是如何找到工作的技能。教育不能以獲利為中心、學校更不是職業訓練所！

影片中提出了最重要的關鍵原則：教育機構不該以獲利為重心，教育目的應該在發展孩子潛能，依照孩子的未來展望量身訂做，而非就業需求！讓孩子成為他要成為、他所希望的那個人，而非依照大人的期望。

我個人比較在意的，是跟芬蘭相比，台灣孩子上課時間太長，可是，許多家長喜歡孩子上課久一點，這樣就不用顧慮安親與補習的問題。許多私立學校，就是如此配合家長的。

一定要提醒家長一個芬蘭的教育觀點：孩子的腦，需要適當的休息，如果逼迫他不斷地使用，那反而會使他停止學習！

讓孩子不只是學習課業，更要學習大自然、體育、音樂、美術，讓大腦盡可能地能全方面發展！這些不考試的「非考科」，其實有助於孩子的腦更活躍、更積極處理新事物。

孩子該學學烹飪、去戶外奔跑、大聲唱自己的歌、畫一些自己喜愛的圖。因為童年很短暫，要給他們時間當真正的小孩。

此外，標準式答案是僵化腦袋封鎖思維創意的殺手，教育應該要捨棄標準答案考試的教學，以及學校內避免排名！當孩子在關注與喜樂呵護下成長，成長過程學會受到重視關懷與尊重，才能擁有快樂圓滿童年，成為完整的大人！

可惜的是，有些家長認為孩子的時間表排越滿越好，學的東西越多越好！**我建議教育還是要有中國書畫的精神：減法、適時留白**，給孩子一些喘息的機會與時間，讓他們做自己想做的事情。

我家三個男孩，在小學時都沒有補習，下午多半是去學校社團下圍棋、踢足球、溜直排輪、玩樂高機器人……晚上回家寫功課，自己讀讀書。小學時代，他們的課業成績是不突出，但是到了國中，反而急起直追！老大上了建中資優班，他說：回想起來，小時候有多玩一玩，除了體力鍛鍊好之外，腦力也是有許多刺激！

放空，未必是浪費人生，讓孩子有機會能自主去想事情、做事情，才是為未來的獨立做準備。

母親不是司機或才藝經紀人。

帶著孩子趕場學才藝的媽媽們，請停止當車伕吧！
日後孩子並不會記得你開車送他去才藝班的時刻，
卻會記得你與他一起散步、看花、數星星的日子。

常有家長問我：下課後孩子有那些計畫？要參加那些課程、學那些才藝才好？

台灣的孩子很幸福，從小就學了許多東西。我家老三以前上小班時，班上有位媽媽告訴我，她發現有些幼兒園的孩子，下課後的生活就是不斷的趕場：學英語、學畫畫、學游泳、學音樂、學舞蹈，還有人周一到周日時間表都是滿滿的。

老實說，這狀況讓我聽了，有許多感嘆。

讓孩子學些才藝是好的，但是，**不該用才藝課取代正常的親子生活，尤其是幼小的孩子**。上班媽媽有工作，讓孩子去安親班兼學才藝，是可以理解的；但是全職媽媽，不該變成穿梭在才藝班間的車伕。

現代的父母，尤其是亞洲的父母，都很怕孩子「浪費時間」，更怕聽到孩子說：「媽媽，陪我玩！」所以把孩子的行程表塞滿滿的，還會告訴自己：才藝課很有趣，我的孩子很開心！

的確，適度安排一些才藝課，能給孩子啟發與快樂，我從不反對。但每天排滿滿的才藝課，對孩子來說，其實是種過度的負擔。

我曾看過英國一位華德福學校的老師，在《親子天下》訪問的影片中提到：「我們學校的孩子很幸福，因為他們可以玩耍、可以被允許當小孩，很久很久。」

全職媽媽當初退出職場的本意，不就是要陪孩子嗎？但我遇到某些媽媽，一定要請「老師」、「專家」來陪孩子，自己化身為「才藝規劃經紀人」，把孩子外包給各種才藝課程，喪失了自己帶孩子玩耍的能力。

這是很可惜的一個現象。身為母親，怎麼會不知道要如何跟孩子相處、帶孩子一起玩呢？母親，應該要有自覺、自信，試著找回自己心中孩子的部分，好好跟孩子騎車、聊天、講故事、畫畫、做點心、在草地上奔跑、看白雲……這些，都比排滿滿的才藝課好。父母的用心與親自陪伴，絕對是孩子無價的禮物。

有人曾問我：美國與台灣的幼童教育，有何不同？以上的描述，就是大不同：台灣父母太依賴教育外包，不敢自己放手帶孩子。這可能有其社會、同儕的壓力：因為其他的小孩都在學才藝，自己的孩子不學，怎麼跟得上呢？

有位友人，每天都在車陣裡不斷穿梭，因為老公一定要送孩子去台北名校讀書，下課後又要她送孩子去各種才藝班、英語班、體能班；她常感嘆說：自己總覺得好累、好累……有一天，她終於覺醒了，跟老公攤牌，不想再當車伕了！她把孩子轉回附近小學就讀，才藝班也減少，生活的品質馬上改善很多。

陪伴孩子，其實真的不難。坊間有許多手作書、教養書、玩樂書，都是唾手可得的參考。買些美術書來與孩子一起畫畫；找些好聽的音樂與孩子一起欣賞；帶著孩子去騎車、散步、賞月，都沒想像的那麼難。

還有一個生活教育課程也很重要，就是：請帶著孩子一起做家事吧！

我家的孩子三歲起，就跟我一起學洗碗洗菜、疊衣服晾衣服，一起分擔家事；千萬不要連家事都全外包給了傭人或一手包辦，讓孩子漸漸喪失自理生活的能力。

母親的可貴，不在於高超的駕駛技術，或找好老師的排課功力；更重要的是在於用心的、真誠的陪伴。畢竟，孩子要你陪的日子，也就是幼小的時候。將來大了你想要陪伴時，孩子也沒那需要了。

孩子不會記得你開車送他去才藝班的時刻，卻會記得你與他一起散步、看花、數星星的日子。

學習猶太教育的精神。

猶太教養最常出現的兩個問題是：「你的想法是什麼？」、「為什麼這樣想呢？」，台灣的家長，可以借鏡猶太教育的理念，多透過提出和回答問題的討論方式，培養孩子獨立思考的能力。

我很喜歡研讀猶太教育的書籍。

世界上的猶太人雖少、顛沛流離，卻出了很多優秀的人物，例如：愛因斯坦、佛洛伊德、史蒂芬·史匹柏、馬克·祖克柏，這些世人尊敬讚賞的天才級人物，都有一個共同點：他們都是猶太人！可想而知，猶太教育必定有出眾的地方。

關於猶太教育，我有幾個觀點想要與大家分享：

一、猶太幼兒園開始學習二十二個希伯來字母的第一堂課，就是用手指沾蜂蜜來寫下字母，讓孩子品嘗，所以孩子會有「學習像蜂蜜一樣甜美的想法」。這是一種「慎始」的概念，值得學習。

二、我們常認為：孩子畢業進入工作場所後，父母的職責也告一段落了。但是猶太人認為：父母該扮的角色是終其一生的，父母必須要以終身學習的態度來磨練自己！不管多大年紀，不要依賴孩子，要一輩子扮演好父母的角色。

三、猶太人有句諺語：「沉默的孩子無法學習」。猶太人口中最常出現的兩個問題是：「你的想法是什麼？」、「為什麼這樣想呢？」，而這可能是台灣老師與家長最不常問的兩個問題！台灣與韓國一樣：學生讀書的時間相當長，被逼得用功，但是卻常教出缺乏獨立思考能力的考試機器。

四、猶太父母會明確教育孩子：世界上很多事情都無法隨心所欲。孩子要學會忍耐與克服困難，並把困難是為生活理所當然的一部分。

五、猶太父母會教育孩子：「失敗，就像幫未來買保險一樣！」因為孩子小，本來就可能犯錯，這比起長大後鑄下大錯好。猶太父母不怕孩子犯錯，就怕孩子失去獨立思考與自我表達的能力。

六、猶太教育，教導孩子要有正直敢言的勇氣。猶太裔諾貝爾和平獎得獎人艾利．維瑟爾曾表示：「冷漠導致人類在實際死亡之前，就已經死亡……在人類必須承受痛苦與屈辱之際，我永遠不會沉默。我們必須明確表態，中立只會幫助壓迫者，對受害者毫無助益；沉默賦予惡霸權力，並且不會給受苦者帶來力量！」

我還要強調一件事：猶太人能在世界上培養出優秀人才的原因，是「哈柏露塔」。

「哈柏露塔」是指兩人一組，以「一個提問、一個回答」所進行的討論或辯論。而且重要的是，不是只有當孩子是學生的時候才如此做，從猶太人出生之前的胎教，到臨終為止，猶太人的文化都由哈柏露塔相連著；透過提出和回答問題的討論方式，培養出猶太孩子獨立思考的能力。我個人認為，這是一個古早就創造的「學思達」教育。

猶太人實行「哈柏露塔」的步驟十分嚴密：安息日週末的餐桌有一定的儀式，是全家人哈柏露塔的時間。猶太人嚴格遵守安息日不工作的規定，並在餐桌上全家討論各種問題。他們不會要小孩「安靜吃飯別說話」，而是以溝通、辯論、交談、分享，來維持家人感情，讓孩子感於發言、敢思考、敢說出心裡的話。

就像我之前提過，猶太教養最常出現的兩個問題是：「你的想法是什麼？」、「為什麼這樣想呢？」可是台灣教育，為了趕進度、拚成績，常常背道而馳。

小熊以前曾有好幾次覺得某些考試答案有問題，想去跟老師討論，卻得到老師說「你不要想這麼多、只要照標準答案就好！」的回答，令他十分喪氣。

現今台灣的教育，填鴨死背還是很多，台上的拼命寫黑板，台下的不是手酸得要命，就是進入昏睡或中風狀態。這是完全不在意孩子是否有想法、一廂情願的老式教育。可悲的是，老師們沒自覺，家長們也要孩子多多忍耐，這情況就不斷惡化下去。

我覺得，台灣的家長，可以借鏡猶太教育的理念：多多透過提出和回答問題的討論方式，培養孩子獨立思考的能力。不要再讓孩子跟我們當年一樣：「背多分、講光抄！聽完就背、背完考試、考完就忘光光！」如此噩夢不斷輪迴，台灣的教育還有什麼希望呢？

關於「寫字」這件事。

當孩子字寫得醜時，父母需要提供方法與耐心，好好教導孩子愛上寫字。在這篇文章中，我分享當初如何不打、不罵，教導老二文青男寫出漂亮國字的方式。

我家老二文青男剛升上小學時，當時懷老三即將生產的我，曾幫他安排了很多課外活動，下課後的他不是學圍棋、溜直排輪、學樂高，就是拉琴。但這樣的小學生活，固然豐富多元，卻錯過習字的黃金糾正期。

到了中年級，我終於能好好看著他寫功課了，才發覺他的漢字（國字）基礎差到不行！不是筆順顛倒，就是大小比例失誤很多，他的醜字讓導師直搖頭嘆息。

經過長時間觀察，我歸咎他字醜的原因如下：

一、個性馬虎：文青男天生有些藝術家氣息（說好聽點是如此），做事是個標準的「差不多先生」，從幼稚園開始學寫字就心不在焉，只想胡亂畫畫、交差了事、趕快去玩就好。

二、小肌肉發展較遲緩：同年級許多女孩都能控制筆畫，他拿筆寫字卻僵硬無比，很難控制力道。

三、握筆姿勢錯誤太久：幼稚園時太早被學校要求拿筆寫字（中班就開始學寫ㄅㄆㄇ），握筆姿勢錯誤，也沒被老師糾正，一直到後來便改不過來。

四、不了解漢字的結構與寫法：漢字書寫，以「方塊」為主體、要左右對稱、從左寫到右、從上寫到下。文青男天馬行空的性格，讓他不仔細觀察字的造型、結構，有的字寫得頭大身體小、有的上下或左右不對稱；筆順更是一塌糊塗，隨意亂寫，有像就好。

所以二年級開始，只要是國語作業，尤其是生字練習，我都會坐在他旁邊陪伴，當筆順不對、比例失衡時，我就拿出毛筆，把墨汁滴在小圓盤內（省去磨墨的時間），寫一個標準的大楷給他看。

在這同時也要解釋字的結構：如何大小適合、如何記住部首與重要結構。如果可以，連造字的意義也一併解釋。如「焚」，就是樹林失火，作「燃燒」之意。

然後我會再寫一次，請他仔細看筆順。最後也是最重要的：我會要他自己握毛筆寫一次。這時候我不是袖手旁觀，而是握住他的手，要他放鬆不要用力，大手包小手地帶著他好好寫一次，甚至兩次。

然後要他用鉛筆寫一次硬筆字。如果還是抓不到訣竅、寫得很醜，我就請他用鉛筆描寫我示範的大楷字（一、兩次），然後再自己重寫硬筆字。

如此下來，我發覺他真的比較領悟漢字的筆法與結構了，字也自然漂亮許多。同時，也上了書法課，一舉兩得。

有的媽媽曾說：孩子寫字不好看，爸媽就該一直擦掉、一直擦掉；或是拿尺打他的手，直到孩子認真寫為止！

可是我覺得這是不好的處理方式。身為父母，該提供的是方法與耐性，好好教導孩子愛上寫漢字，而不是讓他因為寫字留下許多心中的陰影、親子關係也緊張不已，如果是孩子肌肉發展還不成熟，怎麼打，都是揠苗助長吧？

如果上學像坐牢，學習還會有樂趣嗎？

有學校的老師不斷地告誡孩子：

「國中玩三年，人生辛苦六十年；國中苦三年，人生快樂六十年。」

真的是這樣嗎？用三年的努力來判斷人生的未來，太簡化、也過於武斷了。

小熊哥國二的時候，我曾得知與小熊同年、我朋友的孩子轉學了，是轉到一所管理嚴格的私立中學。我很擔心那孩子是因為在原學校受到欺負，所以打電話去問候。

朋友說，孩子是自己想轉學的，因為另一位小學好友在那裏一直招喚他。

不過，朋友還說出更多關於那所學校的事情，讓我覺得不可思議。

這所學校歷史悠久，悠久到校舍十分老舊，卻是許多父母努力想把孩子送去的地方。原因無他，這所學校能讓孩子從早到晚不做別的，就只能一直念書而已。沒有多元化的社團活動，少有私人的手機與電腦電視時間，全員住校的孩子們，沒有太多自由時間。每天早上七點半進教室，開始一堂堂的課程，直到五點半。然後去餐廳吃飯、回寢室洗澡後，六點多繼續進教室晚自習，一直到九點半回寢室就寢。這不是國三衝刺班，而是從國一就開始。

據這位朋友說，國中三年的課程，在兩年內就全部教完，國三開始不斷地複習（其實三年的每一晚，都在複習），不斷地唸書、唸書……直到孩子考高中為止。

而且這學校還很難進去，入學考試很難，但不少家長仍想盡辦法排隊把孩子送進去。

我問，孩子能適應嗎?朋友說，一開始都打電話回家哭訴，但是因為是自己說要去的，也不好說些什麼，現在似乎適應了。孩子還自嘲說，少了滑手機的時間，可以念更多的書；伙食不好，正好減肥！這是另一種好處。

掛完電話，總覺得怪怪的，卻又說不出來是哪裡怪。

小熊哥正好回家，我把學校的狀況說給他聽，順便問他：會想去這種學校念書嗎？

他不可置信地瞪大眼睛說：「瘋了嗎？怎麼會有這種學校？我才不要去監獄！」

他說，今天正好段考結束，學校舉行八年級躲避球賽，今日烈日下練習，讓他與許多同學都覺得快中暑了……但是躲避球比賽真有趣，他閃了好多球，很難有人打到他。他還與同學發明了一些策略，讓班上能贏球，很有成就感。

我說，沒有3C、沒有社團與學校活動，可以好好讀書啊！他回答，這樣的生活多無趣！他很喜歡看電影，每周的Movie night都學到許多東西。自己也能克制，有需要才上網查東西，也沒浪費什麼時間；在學校社團跟老師學象棋，得到許多策略觀與智慧。每天晚上能和爸媽一起吃飯、和兩個弟弟一起玩耍、聽音樂、看看閒書，都是他所珍惜的時光……他實在想不透怎麼會有人要把孩子關起來？三年只能念教科書，喪失許多生活的樂趣。

根據《讓天賦自由》一書作者肯・羅賓森的研究，企業領袖希望找的人才，是能思考、有創意、有自信、能溝通、能寫、能算、能分析資料，更能實際執行的人。但是目前學校教育太相信考試，尤其是亞洲的教育，一切以考試成績為導向，所以出現這種人稱「監獄」的學校、家長還趨之若鶩，實在讓人感嘆。

教育的目的，本應是訓練孩子「有獨立思考的能力」，現在的教育，卻變成訓練孩子「應付考試的能力」，能不感嘆嗎？

這位母親還告訴我，學校老師不斷地告誡孩子：國中玩三年，人生辛苦六十年；國中苦三年，人生快樂六十年。

真的是這樣嗎？人生，豈能僅僅用三年的努力來判斷未來？這樣說，太簡化、也過於武斷了。如果這三年是全人教育，也許有點可能，但如果這三年是只重成績的補習戰鬥營，一旦未來考完了、解放了，孩子真的有自制力，繼續保持對學問的好奇？真有彈性不僵化的大腦來面對瞬息變化的未來？我個人是懷疑的。

日本腦科學家茂木健一郎的研究指出：創意，需要在空白時間產生，世界上許多重大的發現，皆誕生於科學家的人生空白年。茂木在身為科學家從事研究的日子裡，遇到了好幾位榮獲諾貝爾獎殊榮的人，心裡都留有空白的部分，是他們的共同點。

如果孩子成天被關在教室裡念書考試，哪來的空白時間、自由想像呢？

我們的教育，常要用考試考掉了孩子的好奇心、創作心，如果學生所有時間都窩在教室裡背書準備考試，創造力從何而來？只是製造出一群肩不能挑、手不能提、四體不動、五穀不分的學生。

教育，最終目標應是讓人能夠獨立思考、能自我終身學習，讓孩子找到人生的目標、學習的自主權，不要再認為：「我都是為了爸媽、為了考試而唸書的！」

才不會有人生只要「苦三年」、「苦六年」，然後就可以一帆風順的迷思。

人生很長，不只苦個幾年就可以永遠一帆風順，而是永遠有甘、有苦、有挑戰。電影〈阿甘正傳〉有句名言：「人生就像一盒巧克力，你永遠不知道下一塊是什麼滋味。」苦樂參半的人生，就像是品嘗巧克力。人生多些變化，才有更多的可能。

與其說教，不如給孩子一個擁抱。

千萬不要在孩子氣頭上跟他硬碰硬，有時反而會因此刺激他衝動行事。建議耐心等候孩子心平氣和時，再好好勸告。不妨先給他們一個慰藉的擁抱，讓他們卸下心防，等平靜後再講。

老三加入國小足球隊以後，我常常有一整天泡在足球場的日子。糟糕的是：我常常忘了帶椅子，比賽常要站半天到一天，腰雖然很痛，但也讓我觀察到不少事情。

有一次很難忘，是老三在國小二年級時參加〈全市教育盃足球賽〉的早上。球隊有一個小男孩個性比較好強，練習時與隊友發生多次衝突，最後賽前竟然失聲痛哭，大顆大顆的眼淚不斷往下掉，全身憤怒的直發抖。許多家長去跟他說理也不聽。

最後我決定過去輕輕抱住他，跟他說：「沒事了，沒事了……阿姨幫你加油喔！」

他的眼淚才慢慢停了下來。

上場以後，想不到他表現得異常出色，攻守都很勇猛！中場一休息，他馬上跑向我說：「阿姨，你有沒有看到我踢得很好？你有幫我加油嗎？」

他的臉上，充滿渴望。

凡是人，都需要正向的鼓勵，更何況是孩子。男生的個性比較容易激動，有時候在氣頭上，說理是沒用的，不如就先抱抱他吧！

養育三個小男孩快二十年，我才了解：小男生的口語表達能力不好，常會氣到說不出話來。大人要有更多耐性，等他們冷靜後再說。

至於我為什麼會知道要抱抱這孩子呢？因為我在美國看到一位老婦人的擁抱，讓我學了很多。

在美國的時候，曾參加一個團契，叫做Friendship International，是當地教會專門為外國留學生與新住民所開的各種才藝班。因為當地是大學城，所以常有留學生是從國外來的，當地一些老太太老伯伯就來當志工，有人負責開車接送，有人教烹飪，有人教語言，有人教舞蹈、繪畫，更有許多人待在育嬰室幫著一些留學生太太們帶孩子，其中有一位瑪莉，讓我印象十分深刻。

瑪莉是白人、也是一位氣質很出眾的老太太。當時她常常在育嬰室幫忙照顧還是小寶寶的文青男。老實說，我的孩子都很黏媽媽（高需求兒童），只要媽媽不在他們的視線範圍之內，必定會一直哭鬧，哭到媽媽出現為止，三個都不例外！很難找保母。因此，我很難有機會單獨出去，但是因為這個團契的活動，讓我有鬆口氣的機會。

每次我課程結束去接寶寶的時候，都會看到瑪麗親切地帶著孩子們，她永遠面帶微笑，從來沒有粗聲對孩子說過一句話。後來才知道她原本是一位小學老師，退休了就出來當教會的志工，幫忙帶孩子。

小熊哥小時候也有陪我去過，他很喜歡瑪莉。有一次小熊上小學後，音樂老師要他在班上用中文念數字一到十給同學聽，他照著念完了，沒想到同學齊聲嘲笑他說：中文的發音超奇怪！

更奇怪的是，這位音樂老師也沒說什麼，也沒阻止孩子嘲笑小熊，只是叫小熊坐下而已。

小熊回來後，心中覺得很難受（當時我們住的地方是白人居多的中西部，種族歧視這種現象還是有的），他不能理解老師為何要他說母語，卻又放任同學嘲笑他。

正好此事發生之後，我們去看瑪麗老師，瑪麗聽到我們描述這件事情，滿臉同情地看著小熊，然後走過去用雙手緊緊抱著他，很久很久。她並沒有說什麼話，但是她的舉動，安慰了我與小熊的心。

現在回想起來，以前住在美國時，常常受到許多老人給我們擁抱，對於異鄉漂泊的孤單心情，是最溫暖的安慰。

養了三個男孩後，我常想起瑪莉溫暖的擁抱，更深深體會：有時候一味地跟孩子說道理，但時機不對，也是枉然。

卡內基曾說：「批評無效！」身為父母，千萬不要孩子在氣頭上時跟他硬碰硬，尤其是男孩，荷爾蒙會讓他們常常脾氣爆衝上來，有時反而刺激他衝動行事、鑄成大錯。

耐心的等候，讓孩子心平氣和時再好好的勸告。**若你在他們生氣時不停的碎碎念，孩子絕對聽不下去。不如給他們一個安靜、慰藉的擁抱，讓他們卸下心防，等平靜後再講。**

請多一些耐心，給孩子一個體諒的擁抱吧！

父母的隨堂測驗。

你知道孩子最好的同學叫什麼名字嗎？
你知道孩子最喜歡什麼顏色、愛吃什麼食物嗎？
能否回答出這些問題，顯示你是否有充分參與孩子的生活。

記得我參加小熊第一次國中的班親會前，他特別要我背一張小紙片。做什麼呢？我問道，他也說不知道。

到了會場，來的人不如上學期多，可能是下學期家長都比較了解學生狀況了，出席的家長大約十幾人而已。小熊的導師向我們說明這學期的重要行事，以及班會的收支狀況，然後就說：「那麼，各位家長都知道吧？要開始考試了喔！」

有人笑了，說已經有準備了。但也有人有些驚慌，不知道怎麼回事。老師把紙片發下去，要我們填寫關於自己孩子的資料，題目如下圖。

老師還規定：如果家長全答對，孩子可以加五點集點。

考試結束，小熊的導師要我們把紙片交給她，然後問：「大家知道我為何要做這測驗嗎？」有人搖頭，有人笑而不答。

老師繼續說：「每天，孩子聯絡簿上都有小日記，大家都有仔細看嗎？」我點點頭，但也有人搖搖頭。

老師說：「小日記就是孩子的眼睛，每天，他們看到什麼，就記下什麼。有的孩子很善於表達，有的還結結巴巴。但是，這些我都希望父母

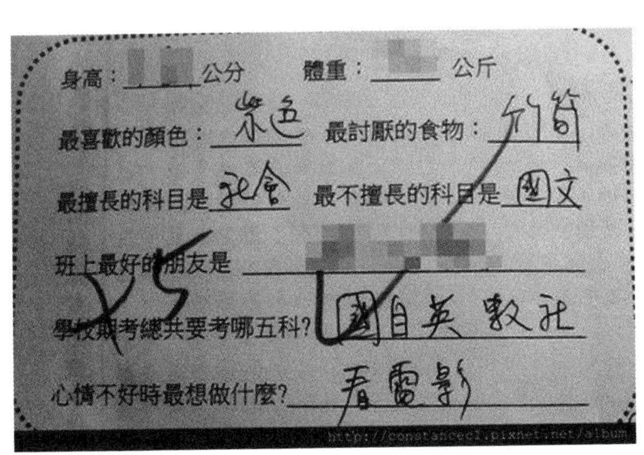

身高：＿＿＿公分　體重：＿＿＿公斤

最喜歡的顏色：紫色　最討厭的食物：竹筍

最擅長的科目是社會　最不擅長的科目是國文

班上最好的朋友是＿＿＿

學校期考總共要考哪五科?國自英數社

心情不好時最想做什麼?看電影

能仔細去看看。

小測驗，也是希望大家知道自己的孩子多高了？現在的好朋友是誰？心情不好想做什麼？……有人說孩子不愛與自己說話，其實，要先去主動了解他、平時多關懷。沒有一開始就冰凍的親子關係。」

這位導師雖年輕，卻點出許多值得思考的問題。記得洪蘭曾說：「**孩子行為的好壞不是你管的鬆或嚴，而是你有花多少時間在他身上、有沒有參與他的生活。**」

很感謝小熊的導師，讓我更了解小熊一些的事情。當天，小熊在測驗上「指定好友」的母親，也主動來找我，我們談了兩個孩子的狀況、互相留下聯絡的方式。

這也是我當父母十多年來，第一次遇到老師給父母的隨堂測驗，獲益良多。

第二次遇到父母隨堂測驗，是老三小小熊的導師出的，而且是用美術的方式測驗。

在他小學二年級上學期的班親會，一到教室，老師請家長找自己孩子的位置，辨識的方式，就是桌上擺著孩子畫爸爸或媽媽的畫像。所以，如果平常沒有觀察孩子的畫風，是很難看出來，哪一張塗鴉就是自己。

還有第二個線索，桌子上放著另一張紙，上面寫的是孩子喜歡的顏色、孩子喜歡吃的東西，以及孩子好朋友的名字。如果看不出來之前的自畫像，那總該知道孩子喜歡的顏色，或是愛吃的東西吧？或是也會知道孩子的好朋友是哪一位。

但是有一位父親，真的就找不到。因為工作忙碌，他很少去跟孩子聊天，更別說知道孩子好朋友的名字了。只見他在教室裡團團轉了半天，怎麼看就是不知道哪個是孩子的座位，表情頗為尷尬，最後還是老師幫他打圓場，提示他孩子喜歡吃什麼食物，他才找到。

常常有人抱怨，孩子到了青春期，不但個性叛逆，什麼話什麼事情都不跟爸媽講！其實「信任」的關係，應該要從小就建立，在孩子小時候如果父母願意多陪他聊聊天，長大後就不會遇到一面高牆被擋在外面了。

有一句話說得好：「你的時間在哪裡，你的成就就在哪裡。」每天盡量抽空陪陪孩子，長大以後他就不太會拒你於千里之外了。

想想看，如果哪天你家孩子的導師，也突然發下這張小測驗卷，你能答對幾題呢？

當孩子「不願看、也看不懂沒有圖的書」

如果孩子只愛看漫畫，看不下其他的文字書，這就是我所謂的「漫畫陷阱」。而小學階段閱讀能力的落後，對上國中後的國文與作文，都是很吃虧的。

小六時的文青男，上國語課很開心，因為國語第七課引用自金庸小說《神鵰俠侶》、第八課引用自美國少年小說《手斧男孩》，這兩本都是他已讀過的書。《手斧男孩》是我給孩子在中高年級的基本書單，也是美國小學生必讀的書。小熊在美國小學念書時，學校就是指定此書給中高年級生閱讀。返台以後，我先拿中文版給中年級的小熊看，他當時沒興趣，等到一年後我找來原文版，他才瘋狂愛上此書。

話說《手斧男孩》這本書，不僅榮獲美國紐伯瑞文學大獎，因內容精采逼真，連美國國家地理雜誌都以為是真實事件，還真的聯絡作者，想採訪報導。

而讀者更是熱烈迴響，據說本書出版後，有上萬封想要知道更多關於書中主角故事的信件，塞爆了作者蓋瑞·伯森的信箱，讓他不得不繼續為主角寫更多的冒險故事。作者出生於美國明尼蘇達州，先後當過卡車司機、獵捕人、導演、演員、歌手、水手、工程師、農夫、教師等多采多姿的工作，目前定居森林中，專心從事寫作，是美國多產的有名作家。

說真的，男孩們都很愛野地求生的故事。美國電視頻道裡關於野外求生、荒島求生的影片，都十分受青少年與男性觀眾的喜愛。

某日，老二興沖沖地把《手斧男孩》中文版找出來，放在書包裡，我問為何？他說：「老師規定班上同學現在要看《手斧男孩》，班上只有我都看過了。我怕學校書不夠，所以要帶去借同學看！」

真是熱血，這孩子很久沒這樣過了。只要與愛書有關，他就會熱血沸騰。

放學後，我笑著問他：「那本書，同學喜歡嗎？」

他失望地說：「我借了幾個人，他們翻一翻就還給我說：『不會看、也看不懂沒有圖的書！』」

換我無言了。

也難怪，在小學圖書館當志工快十年，發現許多孩子到了高年級，還是只看《OO尋寶記》、《XX實驗王》等漫畫，一本沒有圖畫的文字書，對他們而言就是無字天書，超難懂！

這是閱讀的偏食與閱讀能力的落後，我個人稱之為「漫畫陷阱」。漫畫陷阱一旦掉下去，孩子很難自拔，也很難走入純文字書的世界。這對未來寫作是負面的影響，因為多看文字書，才能補充心中的寫作素材。

遺憾的是，老師與父母時間有限，也不太知道這問題。**更多人以為，孩子只要有在看書就好了，卻沒鼓勵孩子往更深的文字書世界去努力。**

我認為，小學階段閱讀能力的落後，對上國中後的國文、作文，都是很吃虧的。請父母要在孩子小學低年級時，引導孩子從繪本走入橋梁書的世界，所謂的橋樑書，就是圖與文各半，讓原本習慣看繪本的孩子，開始看更多的文字書。只要孩子能夠勇敢越過橋梁書搭起的橋，才能真正走入文字閱讀的世界。

圖書館不是K書中心

我發現，年紀越大的孩子，越不會去圖書館借書。
小一、小二借書的比例還很高，中、高年級多半只借漫畫書。
而高中生，更只把學校圖書館當成K書中心。

現代的青少年，很需加強閱讀能力。

我在國小圖書館志工服務十二年、高中圖書館三年，發現一個令人憂心的現象，那就是：**年紀越大的孩子，越不會去圖書館借書**。

很多人會說，新世代的孩子多半用手機閱讀，還是有閱讀的。但請不要搞錯，在台灣，電子書的閱讀並沒有很風行，青少年的網路閱讀，大部分只是讀新聞和社群媒體片段的、零碎的資訊；如果真正要閱讀一些深入的知識，書本還是無可替代的。

圖書館裡有很多有名的著作，並沒有全部上線，很多還是必須靠實體書的閱讀，不論是科學，或是文學。

根據我在小學圖書館裡的觀察，大部分的小一、小二學生，借書的比例是很高的，這是因為他們通常看的是簡單的繪本，或者是文字稍多一點的橋樑書，可是等到中高年級以後，除了閱讀課以外，下課自主來借書的孩子，比例越來越少，來借的，大部分也只借漫畫書。

這是一個令人憂心的現象。

其實，我並沒有歧視漫畫，相反的，我是一個漫畫的重度愛好者；小學時代起，我就讀了非常、非常多的漫畫書，因此我的思考方式，十分偏向圖像思考。但這種思考方式，到國中就出現了問題！記得國中老師要我們開始寫作文，方法就是每日練習寫小日記，我馬上舉手問老師：「老師，我可以用畫的嗎？」因為我腦海裡，全是圖像。

答案當然是不行！因為高中入學考試，要考國文作文，寫作文哪裡會讓你用畫的呢？又不是考美術班！也因為此點，我在國中經歷了十分辛苦的掙扎，努力重新學習用文字表達我內心的想法，而非用畫的。

因為自身慘痛的體驗，因此希望家長多注意：孩子愛看漫畫，的確是喜歡閱讀的一種入門，但是要小心上篇文章提到的「漫畫陷阱」——也就是孩子只愛看漫畫、看不下其他的文字書了！

要寫好作文，必須有很好的文學底蘊，這必須藉由大量的文字閱讀來達成，因為有好的輸入（Input）、才有好的輸出（Output），當您發現您的孩子只看漫畫時，千萬要記得：及時引導他進入文字書的世界。

我家的做法是：第一、我們只買有教育意義的漫畫，不買暴力、誇大的內容。第二、規定孩子可以在圖書館看漫畫，但是回到家就必須讀文字書，並漸漸引導他、給他好的文字書來欣賞*。

此外，我在小熊哥的高中圖書館，發現更嚴重的現象，那就是高中生把學校圖書館，當作是K書中心。

我的值班時間，通常是早上的九點到十二點，令人沮喪的是：這三個小時基本上沒幾個學生會來借書。倒是不少學生在考試前，會帶著自己的書來K書。

有一天，我終於在雜誌區看到一個學生拿著書在閱讀、而不是在滑手機。我跟一起來當志工的家長開心地說：「那些好的雜誌、終於有人讀了！」

忍不住好奇，我走過去，悄悄的想偷看他到底在看哪一本雜誌？結果，我又失望了：他坐那裏看數學考古題，根本不是在讀雜誌區的書。

我去了無數個早上，通常只有一兩個、多則三四個學生會來借書，這所高中是一個擁有三千人的大學校。我也在當志工的小學，只是一個有六百多人的小學，但是，小學圖書館的借書率，竟然比這所大型高中要多很多。

這是一所全台數一數二排名的高中，多少精英將來會成為社會的中流砥柱？但問題是：他們漸漸不閱讀課外書，只讀考試要考的東西，這是一個很令人憂心的現象。

一個人會主動的去閱讀、去借書，表示這是他的自學能力強。反過來想，如果每個高中生都在看手機，都在網路上社群軟體跟人閒聊、哈拉或打手遊，好書又有誰去讀呢？此外，孩子的思想是不是更容易受到網路各種消息影響，而非有自我自主判斷的能力？

因此，請家長多鼓勵孩子去閱讀真正的紙本或電子的好書。這必須從小就開始養成習慣，不是一蹴可幾的。同時，一定要控管孩子使用手機的年紀、時間，建議在國中以前，每日使用三十分鐘、盡量不要超過一個小時。沒有3C產品的干擾，孩子多餘的時間才會主動去閱讀。

＊關於書單與分級閱讀資訊，我有出過一本書：《小熊媽給中小學生的經典&悅讀書單101+》，介紹重要的中文橋樑書與文字書，有興趣的家長可以找來參考。

過度依賴補習，會養成被動學習。

我建議，補習最好只針對孩子較弱的科目，不要補全科。而且在孩子四年級以前，輔導他養成規律寫作業的習慣。五年級以後，就漸漸放手，讓他當學習的主人。

有家長來信問我：「因為是雙薪家庭，孩子在小學時下課就必須去安親班，現在上國中因為讀私校，所以選擇補些單科。但是孩子沒有安排自己學習的習慣，平常只複習學校要小考的部分，想問問：小熊在國中是如何安排六日的時間、複習功課呢？」

當時我的回答是：「關於補習，我們家是尊重孩子的決定，小熊因為對理化實驗很有興趣，所以周六自己坐車去台北上實驗課外，其他各科都是自己念。」

在此也特別建議：**補習最好只針對孩子較弱的科目，不要補全科！**因為那會讓孩子太依賴補習班的整理，而漸漸喪失自己統整知識的能力，養成被動學習的態度。

國內有研究指出：在會考中表現較好的孩子，很少是補全科的，只補一兩科的人表現比較好，因為孩子更有時間安排自主學習，讀書會懂得思考。

我家小熊哥國中時的做法，是上課一定要專心聽講，這是最基本的，晚上回家把功課寫完，就直接去睡覺。然後第二天一大早去學校，把當天要考的試自己複習一遍。因為他發現：**清晨複習，效果最好！**所以晚上絕不會熬夜。

周六、日也只是把功課寫完，沒有安排太多複習，我們鼓勵他多多去運動：騎車、慢跑、打球、玩疊杯等，他自己則很喜歡看國外電影、說英文小說練英文。

每個孩子都有不同的學習方法，以上僅供參考。

身為父母，我覺得最重要的，是一定要留時間給孩子去運動、去做些自己有興趣的「空白時間」。

日本教育家陰山英男曾說：「每天讀書的時間不要超過三小時，不然會無效率。」

如果每天都是塞滿補習，回到家只能上床睡覺，孩子不但不會自己安排複習時間，容易變成生活除了讀書、而沒有其他樂趣的孩子。等將來從考試中解放了，更可能變成一個完全不愛去碰書、無法主動學習的孩子。

當然，也不是要完全放任。我的經驗是：最好在孩子四年級以前，輔導他養成規律寫作業的習慣。五年級以後，就漸漸放手，讓他當學習的主人。所以，當孩子在中低年級時，父母的責任就是陪伴與監督，高年級以後，自然就能漸漸上軌道了。

學習是一輩子的事情，一定要鼓勵孩子、引導孩子，讓他自己找出適合自己的念書方法，相信他，留些時間給他自己管理（但不是輕易開放3C產品任他使用！）

當然，這說起來容易，實行比較難，但值得花時間去落實。一旦自主學習的習慣養成後，以後家長就不用跟著嘮叨、煩憂了。

學好英語，未必要外包。

父母如何在家自己教孩子英文？我的方式是：一、建立英語的「閱讀角落」，二、教孩子唱英語童謠，三、每天至少親子共讀十到三十分鐘。

因為我出過很多本與孩子在家自學英語的書，有人問我：英語為何要自己教？送到外面補習班，不是專業又方便嗎？

我個人的理念是：教育，不見得一定要外包。英語教育，更可以在家裡打基礎！

以前在美國中西部居住時，認識一位長輩，他的孩子成績優異、在美國讀醫學院，為人謙和有禮，更好的是：這個孩子說了一口流利的中文。這位長輩說，因為不想讓孩子忘本，所以很認真的在國外教孩子中文，一切都是在家自學。他說，自己的孩子自己教，好好找資源、規劃方法，沒有什麼不能解決的難題。

這個案例讓我很欽佩，因為我以前學認知心理學時，知道語言的培養必須有環境因素的配合，所以要孩子學好一種語言，最好是浸潤在那種語言的環境裡。所以回台灣以後生了老三，我就開始幫他打造一個自然學英語的環境。

在此，與大家分享一些心得。

首先，是建立一個英語的「閱讀角落」，就是國外所謂的Reading corner，從零歲開始，我就帶著他在陽台旁光線充足的落地窗親子共讀，然後在他的Reading corner，佈置他喜歡主題的英語書籍，比如說：各種車子、小動物，還有樂高人。

我也舖上美麗溫暖的小毯子，擺上他小小的專屬閱讀椅，還有一個可愛的小書架，上面放著他喜愛的書籍，這就是屬於他讀書的小角落，也因此孩子自動會去翻書，漸漸養成閱讀習慣。

其次，平時我會訓練孩子跟我唱英語童謠、以及手指謠，因為這些都是國外孩子開始學語言時，最開始學的東西。我在與美國媽媽的共學團體中，學會他們如何教幼小的孩童唱歌跳舞，也採集了一些常見的英語童謠回來。

第三點，是每一天要固定時間、每天至少共讀英語書十分鐘到三十分鐘。除了練聽力，更能增進親子感情。同時我用小小的錄音筆，把我們的共讀紀錄全部錄下來，變成MP3 Player裡面的資料，出門時我就帶著這台機器，在路上無聊的時候、等車的時候，讓孩子聆聽，但絕對不給他們手機玩，利用零碎時間讓他們欣賞英語故事和英語童謠，訓練英語的耳朵。

英語的學習順序有人說是聽、說、讀、寫，也有人說是聽、讀、說、寫，因為台灣並沒有像美英這樣自然的大環境與孩子對話，所以我個人認為：**在台灣想要自學英語，是從聽、讀、說、寫開始。最重要的，就是讓孩子大量的聆聽，以便增加英語的語感，然後可以漸漸邁向自行閱讀的境界。**

這些學習的細節，我都已經寫成書本紀錄，在此要闡述的是：教育孩子，不見得都要外包。

我家老三上小學以後，同學下課後幾乎都去補英文，但是我讓他省下補英文舟車勞頓的時間與金錢，轉而參加學校的課後社團，尤其是運動性的社團，例如：足球、直排輪、羽毛球等。讓他有機會多曬太陽、多鍛鍊大肌肉的活動，這對成長中的孩子十分重要，如果時時關在室內的安親班或補習班中，孩子的體格發展會受到限制。

除了運動性社團，我也讓他多嘗試一些藝術性社團，例如：打擊樂、小木匠、弦樂團、書法社等，培養美感，探索性向。他也去益智性的社團，如圍棋、樂高動力機械，每天都有新的發現及更多腦力鍛鍊。

這些學校的社團收費，其實都不會太高，而且離家很近，用自己在家自學英文剩下的時間與金錢，讓孩子多元接觸不同的東西，進而了解他真正有興趣的所在。

所以，跟孩子在家共學英文，換得的是孩子更多的時間，可以讓他探索自己的天賦所在。

而且我也發現要跟孩子從小共學英文，其實是有很多工具、也有很多資源的（有興趣的請參考我的著作*）。還有，我並非是英語系或外文系，但只要善用這些資源，孩子的聽力還是可以達到很好的水準，甚至英語閱讀力，也可以慢慢培養出來。

以上是我個人教孩子在家學習英語多年的心得，希望對大家有幫助。

*以下是小熊媽在家學英語三書：
藍書《小熊媽的經典英語繪本101+》
綠書《小熊媽親子學英語私房工具101+》
紫書《小熊媽讓孩子學會自己讀的英語閱讀101+》

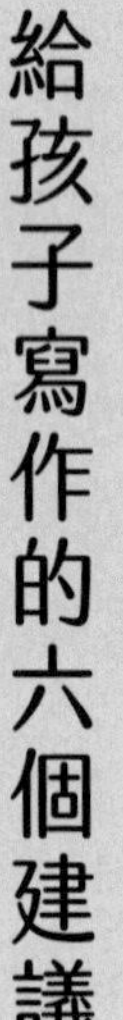

給孩子寫作的六個建議。

寫作的六大建議：一、文要不落俗套，二、題要講到重點，三、切忌內容空洞，四、預防錯字連篇，五、善用關鍵字與佳句，六、父母停止代筆，讓孩子自己書寫。

我曾受邀審理一個全國學生的徵文活動。在跨年倒數聲中，書桌上全是堆得像小山一樣高的學生作文。過年時我都埋首其中，努力研讀。

來參選的，有全國各國中、國小學生，從小一小二到九年級（國三）生都有。文章的主題是規定好的，寫作方向也有詳細的事先說明與解釋。有趣的是，我發現作文的內容，也有著城鄉差距與性別差異。

在這麼多的參選文章中，要能脫穎而出並不容易，在此歸納出幾個寫好文章的建議，給大家參考。

一、文，要能不落俗套。

大家想的其實都很像，但是敢創新敢想像的，就能鶴立雞群、與眾不同，當然更容易被雀屏中選。

可惜，現在的孩子創意越來越少，更可惜的是，國中生的創意竟比小學生還少。許多都是死氣沉沉、沒有新想法，這不該是我們教育所追求的結果。

二、題，要講到重點。

作文，最怕文不對題。偏偏有好多國中生還不如小學生犀利，雖然用了很多美好的修辭（可能還補過作文），但在一片風花雪月中，主題早就不知跑到何方。所以培養孩子的邏輯思考能力，比會運用美麗辭藻更為重要。

三、忌，自我陶醉或內容空洞。

原本徵文的主題是偏向於論說文，有人卻開始寫小說，或寫好多不著邊際的浪漫幻想（這種文章三秒鐘內，就被判出局了）。有許多更是下筆乏善可陳，可能平時讀書太少，胸無點墨，所以寫不出適合的例證，內容就會空洞。

西諺有云，學問有三個基礎：看得多、遭遇得多、研究得多。多看書，是使作文在腦中有更多範本。李家同教授強調大量閱讀的重要性，不是沒有原因的。所以孩子們，請多多讀書吧！

四、防，錯字連篇。

有的孩子用很多錯別字，也可能優先被剔除。因為寫作基本的元素，就是能好好運用文字。

老實說，中文真的很難學，作文更難，因為發音相同、意義不同的字太多，所以孩子的基本功力，要在小學與國中時期就奠定穩固。台灣有的孩子英文很好，中文卻荒廢了，這是捨本逐末的事情，十分可惜。

五、用，關鍵字與佳句。

文章這麼多，評審不可能全文細細看，所以每個段落的一開始幾句話，就要能抓住閱讀者的眼光，名言佳句，在此運用得體會十分有用。

六、代，適可而止。

許多國小二、三年級的孩子，竟然能寫出長篇大論、引經據典，外加用電腦打出整篇文章，比許多大人還厲害，一看就知道家長捉刀的狀況十分明顯。建議家長還是學會放手，適時讓孩子自己能好好思考、對自己的作文負責，孩子才有真正的學習、進步。

十二年國教後大學入學考試，國文作文與英文作文都重出江湖；其實未來出社會後，職場上也常有寫作的機會，所以能寫好作文，將是孩子很重要的課題。

從小養成的閱讀習慣，會成為未來寫作的養分。

讓孩子養成「愛讀文字書」的習慣，而且越早越好、讀越多經典越好，這樣寫作時腦海自然會有範本與材料，作文補習費就可以省下來了。

以前小熊哥唸國中時，最棘手的科目就是作文。理工男國一國二的作文，都只能在3至4級分徘徊。國三時，他自己要求去補作文。還好，搶救成功，會考作文拿了6級分（滿分）。

文青男老二，則恰恰相反。數學常考得很慘，作文成績倒是慢慢加溫。國一時，拿回第一次段考作文，竟然得了5級分！這是小熊哥國一沒有過的成績（哥哥在國一時多半只能拿到3至4級分）。

仔細看了一下，發覺他很能長篇大論，洋洋灑灑寫了一大篇！文字算平實，但描述很詳細，能夠5級分，應該是他用了不少成語，比如：悚然一驚，白髮蒼蒼、形若枯槁……。

最妙的是他描述一位老登山客如下：「他回頭看了我一眼，我看到老爺爺細小的眼睛裡、透出一股強盛的毅力！我突然了解老爺爺是怎麼上來的……」

整篇看完，我笑著問：「怎麼好像讀武俠小說？」

他回答：「對啊～這，都要感謝金庸！」

國二時期，他拿出第一次段考作文成績：6級分！是班上唯一的一個。

文青男的國中，特色就是注重作文，對作文要求十分嚴格。能夠得到6並不容易，這篇文章中大量引經據典，令老師懾服。由於熊爸老是怪他不念書（數學考不好），我便把這篇文章放在熊爸書桌前。

熊爸回家，默默讀完，訝異地說：「原來這孩子讀這麼多東西喔？」

其實文青男從小到大，並沒有上過任何一堂作文課，小學老師也沒特別教過，他完全是靠從小起的大量閱讀（是文字書，不是圖文書或漫畫書；從小我便有系統地找好書給他讀*）。一直到國二，算算快八年，他默默吸收書中知識，轉化為論述的根本。

國一時，他曾負責打掃學校資源回收區，發現此地別有洞天。紙箱很多，圍一圍就很隱蔽。當時他的班級下課時間很吵鬧，還有人在教室丟籃球，他告訴我說，他喜歡拿本書，默默地走到資源回收場，把四面紙箱穩穩架好，然後躲在這小天地，沉醉於書海中，直到打鐘，才衝回教室。

我聽了，覺得很不可思議，戲稱他為「回收場王子」，心中則是默默佩服。如今，八年過去了，他的大量閱讀，終於有了出口。

所以，當有人問我：孩子需要去補作文嗎？我誠心的建議是：讓孩子養成愛

*書目都整理在《小熊媽給中小學生的經典&閱讀書單101+》。

閱讀，而且是「文字閱讀」的好習慣（不是圖像或漫畫閱讀），而且越早越好、讀越多經典越好，那麼，寫作文自然腦海裡會有範本與材料，作文補習費就可以省下來了。

現今大學學測要開始考兩篇國文作文，個人建議孩子在國小高年級與國中要能大量閱讀文學作品，如《西遊記》、《三國演義》、《水滸傳》等，各種版本最好能進階到看原著，然後就可以進入金庸的世界。還有，包括福爾摩斯等各種偵探小說，可訓練推理能力，也值得一讀。讓孩子東西方經典都讀，作文一定能如虎添翼。

比賽，要盡力而為，也要樂在其中。

比賽不僅是為了拿獎牌，更是要讓自己能勇敢自己面對挑戰，超越自我，並從錯誤中學習經驗，也體會舞台演出的神奇。如果能以這樣的心態參加比賽，就一定會有收穫。

老二文青男在國小六年級時，已學琴六年，當時他終於去參加人生第一場個人音樂比賽。

話說當年還是幼兒園時期的他，因為看到國小的哥哥拉小提琴，心嚮往之，也吵著要拉琴。想不到，哥哥在國小畢業後放棄學琴，倒是他一直持續著，很喜歡自己隨意拉琴。因緣際會，他在弦樂團裡從小小菜鳥、坐最後一個位置開始，一步步慢慢往前進……終於，在五年級當上樂團的首席。

可是對他來說，他並沒有特別追求什麼，只是喜歡和大家一起拉琴而已。平時的他一向忘東忘西，不時天兵神遊，不過一到樂團就特別認真，他總是第一個到場、放譜架拿點名本，而練習時拉的也最賣力。

許多跟他同期進團的孩子，受其他有趣的社團吸引，如棒球、偶戲、樂高、蛇板……學校雖小，學生社團卻有五十幾個，吸引力真的很大，於是紛紛放棄樂團，改玩別的有趣東西。

說真的，學弦樂是一條辛苦的路，需要花時間不斷練習，但他就是堅守那把琴，不願離去。

這都要感謝個別課老師，總是溫柔有耐性地對他；也感謝樂團指揮老師，總是風趣又鼓舞的帶領。

當他六年級時，學校樂團有不少新生尚在磨練階段，無法參加年度全市學生音樂比賽，但校長與主任希望學校仍能有代表參賽，便鼓勵小小熊去獨奏比賽。

小小熊想了很久，竟也爽快地說：「好吧！我去！」

這讓我十分驚訝，因為他從小就是不願主動參賽的孩子。長久以來，我懷疑他可能是自尊心強輸不起，或是無法承受比賽的壓力。因此，雖然常常有師長希望他去比獨奏，但他總是堅決地婉拒，這次竟然願意改變，讓我驚訝但也高興：他終於願意面對挑戰、接受挑戰了！

不過，接受是一回事，真正準備比賽，是另一場辛苦的歷程。

指定曲、自選曲練了又練，細節磨了再磨，一再重複練習，對他而言開始越拉越無趣。他本就是很隨興、大而化之的孩子，現在被要求注意細節裡的魔鬼，便對練習不那麼熱衷了。相反的，他常偷拉哥哥聽的西洋搖滾，或是弟弟跳的有趣童謠，只要聽過，他就能拉出來，自得其樂一番。

不過老師還是覺得他的細節處理不夠好，希望他能好好自我練習。但這點，他一直無法突破，練習總是點到為止，然後就放下琴，化身四腳書櫃、埋頭苦讀去也。

正好，身旁有朋友是音樂老師，她對音樂比賽，提出一個很不一樣的看法：「身為一個家長，我不願意讓孩子為了比賽而學習；身為一個老師，我更不願因為比賽而扼殺孩子學習的興趣；而身為一個音樂比賽評審，我們聽得出來孩子是真的有才氣，還是被訓練出來的copy cat（模仿者）。」

這說法讓我十分驚訝、但也開始反思此一問題。我相信，她一定是看了不少案例，才會有此說法。

而這說法讓我苦思好久。首先，讓孩子為比賽而學習音樂，的確是不好的動機。我個人認為，音樂是用來陶冶性情、抒發情感的，這應是主要目的，所以此部分我是同意她的。

其次，比賽是否會扼殺孩子學習的興趣？很有可能，如果本人並無興趣去參加比賽，師長卻給予太多期待與壓力，最後結果可能是：大家都失望。不過，若孩子是主動願意去比賽，那可能就另當別論了。

第三點是讓我想最久的：評審聽得出來孩子是真的有才氣，還是被訓練出來的copy cat——這種說法讓我會想反問：難道只有有才氣的孩子，才有資格去比賽？訓練出來的孩子就是假貨，不該去比賽？

再推論下去，可能是：難道沒有才氣的人，就不該學音樂，因為到最後充其量只能變成一個copy cat嗎？

因為這朋友的說法，讓我開始對孩子參加音樂比賽，起了很大的懷疑，也開始尋求答案。

兒子的小提琴老師倒是不完全同意此說法，她的想法是：比賽能讓孩子成長、開拓眼界、自我要求、了解自己的弱點，只要家長與孩子的動機是良善的，她贊成孩子可以去比賽。

這讓我想起老大小熊哥在美國學棒球時，他們的基本訓練，就是一場又一場再來一場的比賽。但美國的教練總不忘在比賽前說：「**Do your best！Have Fun！that's the most important thing.**」（盡力而為！樂在其中！這是最重要的事情。）

而我，也開始找回初心，不再對孩子提起師長們對他的殷殷期待（與壓力），而是告訴他：不在乎結果是不可能的，但是要記住：用平常心、努力做到最好。不論最後結果，這過程都是有收穫的，而且重要的是，如何用自己音樂讓人感動？如何努力表現出自己最好的一面？這才是參加音樂比賽的意義。

身為家長，在這過程中我也體會到：只要有心、有動機，每一個孩子都可以去嘗試比賽；因為比賽不僅僅為了拿獎牌，而是讓孩子能勇敢地面對挑戰、超越自己、從錯誤中學習經驗、體會舞台演出的神奇。

心態對了，就一定會有收穫；比賽若有意義，應是如此而已。

加入樂團或球隊，可以培養自律的能力。

不論是球隊或樂團，都是很有競爭性與比較性的地方，
表現不好就沒得上場，沒有練習就會越坐越後面，
但這些地方卻也是訓練孩子將自律內化的好場合。

由於我常在臉書上，記錄小熊哥自律的去跑步、讀書的事情。有父母會問我：如何讓孩子養成自律學習的習慣？

我個人有兩個建議：**請讓孩子加入一個樂團，或是一個球隊吧！**

這裡講的不是短期的沾沾醬油、隨便晃兩下，而是很認真地、全力投入至少要兩至三年以上的組織。

《第56號教室的奇蹟》一書的作者，美國知名的雷夫老師曾說，他絕對鼓勵學

生做的兩件事情，就是加入一個樂團，或加入學校運動隊伍，這兩件事情，都跟訓練孩子的自律能力有深切的關係。

其實不少人都知道美國的大學，如果在申請表上註明你有長期加入樂團或者是球隊，對入學申請是有所幫助的。可是雷夫老師的說法，並不是要讓孩子更容易申請大學，而是經過他長期的觀察，發現這兩樣事情能讓孩子更自律的練習，改善自己的人生。

大多數人一直以為，加入樂團和球隊，只是培養孩子的團隊精神，學習與他人如何合作，這當然也是重點；但事實上更重要的，是在觀察他人表現的同時，學習如何精進自己的能力、超越以前的自己。

我家孩子參加足球隊，一開始在場邊常常是坐冷板凳，因為只要表現的不好，就不會有上場的機會。

冷板凳坐久以後，會出現兩種狀況：待不下去、沒有成就感，而主動離開球隊；另一種，則是更努力地練習，堅持下去，改善自己的能力從而爭取到上場的機會。

能夠在球隊裡待得久的孩子，通常是第二種狀況，就是發現自己的不足，了解自律自主練習的重要性。

樂團的狀態也十分類似。學校樂團其實是很有競爭性與比較性的一個地方，指揮老師會依照你表現的好壞，不時調整個人的座位，所以練得好的人位置就會慢慢往前；反之，沒什麼練習的，便會越坐越後面。與球隊類似，也會有兩種狀況：沒練習的越坐越後面、自覺無趣而離開，或是夠努力而座位不斷往前進。

我家的狀況是：小熊哥小時候，在美國打棒球，幾乎天天都在球場上訓練，打不好就無法上場、一直坐冷板凳，打得好才有機會上場。回台灣後，他除了有打棒球、也有參加校內弦樂團，這些都讓他有機會不斷規律地練習，同時觀察自己與別人的差距，了解自己的不足，然後，讓他想要上進、想要上場、想要坐到前面的位置，也開始知道：要自主、規律的練習。

這樣的過程大概有六至八年，等到了高中後，小熊哥根本不用大人提醒，自律讀書、自律練跑步，這些都已經內化為生活的一部分了。也就是他已明白：不主動的練習、不規律的練習，就不會有好的表現。

我們家的老二文青男，天生是一個少一根筋的孩子，小時候就很隨興，不喜歡拘束或規律，但是也因為足球隊以及弦樂團的訓練，讓他漸漸體會到：努力與自律是有正向回饋的。因此他疏懶的天性，在國中後漸漸有了改變。

所以，跟大哥差十歲的老三，我依舊鼓勵他加入樂團與一個球隊，讓他了解自律練習的重要性。

有些事情不是一蹴可幾的，因為沒有孩子天生就喜歡一直練球和一直拉琴，但是只要時間久了，慢慢就會內化成為一種習慣。

在訓練孩子自律內化的期間，家長所該做的，就是給予時時的鼓勵與提醒。球隊與樂團會面臨到的挫折感也很多，若你能時時參與，在孩子軟弱的時候，給予鼓勵，他才能繼續堅持下去。父母的陪伴與及時指點，絕對是自律養成的重要角色。

如果有機會，請多鼓勵孩子參加球隊或樂團吧！也許很花時間，但日後的影響是很深遠的。

安定，會關閉大腦學習中心。

不要把孩子放在一個溫室，或一個完美無缺的環境，
因為這樣可能會讓他習慣安逸，忘記生存其實充滿挑戰與危機。
適量的挫折與磨練，才會讓孩子更有韌性。

現代家長有種迷思，認為給孩子最好的環境，保護他平穩長大，就是種最好的祝福。

其實不然。事實上，安定，會關閉人的大腦學習中心。實驗證明，我們只有處於不確定下才會學習。這是件好事。

一旦人學會了在一個既定環境拿出最佳表現的方式，學習新技巧或新方法就會失去意義。比如說：若孩子發現了上學的最快路徑，就不太會有意願冒著塞車的風險繞路。

研究指出，穩定性很可能會阻止人努力學習，在人生很多情況下，我們會想繼續改進、學習，為此最好避免捨難取易，選擇較難預測、也可能比較困難的去做，才能不斷地學習。

西方有句俗諺：「北歐才養的出偉大的海盜！」愛因斯坦也說：「人們把我的成功歸功於我的天才。其實我的天才只是刻苦而已。」所以，不要把孩子放在一個溫室，或一個完美無缺的學校、環境，那可能會讓他習慣安逸，忘記生存其實充滿挑戰與危機。適量的挫折與磨練，才會讓孩子更有韌性。

如何給孩子適量的挫折與磨練呢？我個人的建議是：**一、鼓勵孩子參加球隊，二、學下棋，三、加入音樂性社團，因為這三種活動常有競賽，而競賽能提供孩子適量的挫折與磨練，培養孩子不怕輸的勇氣。**

小熊哥以前在美國加入棒球隊與足球隊，除了冬天，幾乎每兩天就比賽一次，比得多了，輸得多了，他對成敗的看法也淡然多了。這效應一直到高中都有用。

老二不同，他四歲左右回台，沒機會加入球隊，所以幼兒園時，就看得出他對挫折忍耐力明顯很低，只要有比賽，他就說不參加，因為怕輸了面子掛不住。為了讓他多些機會面對失敗，我讓他在小學時加入了足球隊與圍棋社。下棋，勝敗乃兵家常事。足球，本校也不是強項，所以出外比賽也是常常輸，漸漸地，老二也開始不再視失敗為大敵，而能處之淡然了。

後來，他國中時繼續加入樂團，每周兩到三次與眾人練習，也常出去比賽、表演。對於輸贏，放得更開，但對於紀律，就更會遵守。因為樂團殘酷的是：拉不好，位置就往後移，而同學都在看，所以盡力練習、好好表現，是參加樂團的收穫。

給孩子一個有風有雨的操場，比永遠放孩子在四季如春的溫室，更能養出一個有用的人才。

身體動起來，大腦也能跟著動起來。

回台後，我遇過一些父母問我要去哪裡幫孩子做「資優鑑定」。其實，資賦優異的孩子不需要特地帶去鑑定，只要肯用心栽培就好。但台灣孩子普遍體能差，運動量不夠，這才是父母該擔心的問題。

二〇一七年，在台灣因世大運而沸騰時，小熊哥受邀去警察廣播電台分享他會考滿級分的讀書心得，為何能集中注力。小熊說他覺得最重要的，就是：持續地運動！

他每天練習跑步，早上一到學校就先慢跑，下午也參加田徑隊練習，這對他能集中注意力讀書很有幫助。

只是小熊也很遺憾地認為，學校與家長多半不重視田徑隊，只憑教練一股熱情，讓同學們願意去練習；同時相較於樂團得到許多家長支持與捐款，田徑隊的經費真是少的可憐。他說：「全隊經費竟然是靠跑得好的同學去參加比賽、贏了獎金，才有著落！」讓人聽了，心中真難過。

在我的第一本教養書《比資優更寬廣的成長路》一書出版後，我曾在電台受訪時被問到一個問題：「你**觀察美國與台灣的教育，最大的差別是什麼？**」

我的回答是：「**雙方對『體育』的重視，是最大的差別。**」

小熊從四歲開始打棒球，一直到七歲他從美國回來為止，大概是我這一生在球場待最久的日子。說實話，我是一個從未參加過球隊的女性，年輕時也不太熱衷運動，但是在美國的球隊訓練，卻給我許多教育上的省思：**體育，可以培養挫折忍耐力、毅力、團隊合作、運動家精神等，這些都是十分重要的教育**。

在美國時，常常看到許多盡情奔馳在球場上、操場上的強健孩子，父母間談論的話題也多半是孩子的運動如何，而很少比較彼此孩子的學業排名。當時心中常感嘆，「體力就是國力！」這說法應有其道理。

回台灣多年，遇到一些來自父母的詢問：因為覺得自己孩子資賦優異，問我要去哪裡幫孩子做「資優鑑定」。根據我的觀察，台灣的孩子，資賦優異的還真不少，父母不需要特地帶去鑑定，只要肯用心栽培就好。但台灣孩子有個最普遍的缺點，就是體能差，運動不足的比例太高，這才是父母該擔心的問題。

曾有報導指出，在台灣，對運動的「低重視度」，與世界趨勢背道而馳，已經造成了愈來愈嚴重的後遺症。都會化的環境、愈來愈多不動的「宅小孩」和「宅家庭」，讓台灣也養出了孩子的「健康紅字」：台灣小孩可能是亞洲最胖的，台灣學生的體適能也落後鄰近亞洲國家。

小熊哥回台灣後，能夠運動的機會也相對減少，尤其是國小高年級以後，課業壓力大增，功課量常多到寫到入睡前。在這樣有限的時間裡，我還是鼓勵他：每週要固定體能訓練！包括慢跑、直排輪、樂樂棒球與自行車的練習，他也因此養成運動的習慣，一直到高中都沒斷過。

運動，應是生活的一部分，不只是娛樂而已。很多父母都有迷思，以為運動是浪費時間和體力，其實，運動跟智慧有直接關係，因為運動會增加大腦血液流動，促進海馬迴神經的表現，可以幫助記憶，讀書更有效果。

有項實驗顯示，小學生只要每週慢跑兩次、每次三十分鐘，十二週後，他們的認知能力就比以前進步很多。因為人在運動時會促進多巴胺、血清素和正腎上腺素的分泌，這三種神經傳導物質都和學習有關，會讓人情緒穩定、注意力集中。

運動更是培養孩子EQ的好工具，因為運動員常常要面對輸贏，輸了，摔東西、罵裁判都沒用，只能調整自己心態，重新再來。久了，就沒那麼在乎勝負輸贏了。

所以，請一定要讓孩子多多運動。

第3章

成為讓自己幸福，也能帶給別人快樂的人

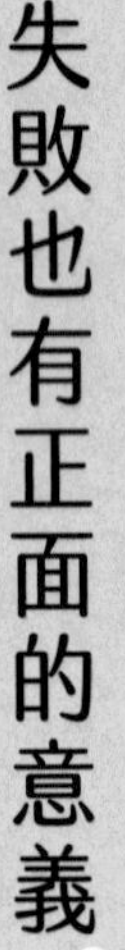

失敗也有正面的意義。

隨便做一件事的話，就會產生藉口；認真做一件事的話，就會產生智慧。
只要曾努力過，天底下沒有白走的路。
失敗後能重新站起來，便是勝利。

小熊哥在國小畢業前，親手交給我兩樣東西：國中的入學通知書，與小學畢業典禮邀請函，我這才恍然有了「家有畢業生」的真實感受。

當時，我正好到澎湖給當地各級老師上英語繪本的導讀課程。一向忙碌的爸爸，也規劃了全家的澎湖小旅行。常說好想去澎湖、最愛家族旅行的小熊，卻對我們說：「對不起，爸媽，我還是不去好了……」

因為那時正好與一些活動衝突：畢業生禮儀課程、弦樂之夜、社團期末發表會。小熊說，這是小學畢業前最後的演出，有樂器獨奏、合奏，還要與打擊樂同學一起演出。與同學練習了好久，若臨時缺席，很對不起老師與同學。仔細思考好久，小熊還是選擇留下，不去家族旅行，請外婆來陪伴。

能夠有這種想法，表示孩子長大了，媽媽有些感傷，但是更有欣慰，因為他不只要從小學畢業，也要從爸媽身邊畢業了。

畢業的前夕，其實並不完美。

當時是小學階段最後一次參與WRO樂高機器人比賽，在校內選拔賽中，小熊以滿分第一名獲選了代表資格；練習時師長也給予許多肯定。哪知最被看好的小組，卻在全縣比賽時，機器兩次卡住，最後連四年級的學弟們成績都超前於小熊。

小熊很難過。因為比賽前他特地把與外公的合照，放在身上，當作護身符。如今，怎麼想也想不出為何機器會臨時失靈。

小熊覺得很對不起師長的期待，也愧對過世的外公。

更糟的是，為了準備比賽，日以繼夜寫程式、練組裝，根本沒有時間準備畢業考試。但比賽失利後隔一天，馬上就是畢業考試，只見他眼眶泛黑、拖著無比疲憊的身軀去應考，回家後，立刻倒在床上。這個沒準備好的畢業考試，當然成績不會好，也是另一個帶著遺憾的結局。

我不知如何安慰他，所以寫了一封信給他，告訴他說：

「小熊，這結果雖然挫折，但可能是一個很好的畢業禮物。

日語有句諺語：

いい加減にやると、いい訳が出る。真剣にやると、知恵が出る。

意思是：隨便做一件事的話，就會產生藉口；認真做一件事的話，就會產生智慧。

當你付出一切，還賠上其他的東西，最後卻一無所獲，但請仔細想想，真的是徒勞無功嗎？其實，一切結果都可能是假象，只要曾努力過，天底下並沒有白走的路。You can always learn something from anything.

那張外公的照片，不是沒有變成護身符，變成天使的外公，可能要讓你了解：失敗，才是真正最好的畢業禮物。因為人生本來就是充滿意外與挫折的；人生，從來都不會、也不可能永遠順心如意的。

失敗並不可恥，過低的志向、因害怕失敗而不敢嘗試，才是可恥。

失敗能讓人跳出窠臼、對舊有的思考產生省思；同時學會謙卑、學習對其他失敗者產生同情。所以永不失敗，才是遺憾；失敗後能重新站起來，便是勝利。

若能在小學畢業前體會這點，將會是一生受用、最無價的畢業禮物！」

還好，事後小熊哥說，有記住這個經驗，會把失敗當作一個繼續前進的動力。

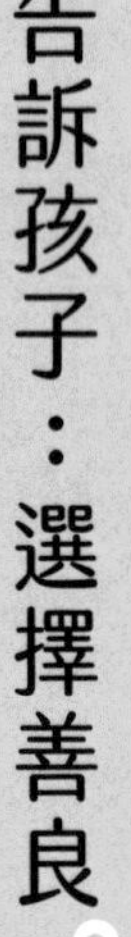

告訴孩子：選擇善良。

當著別人面前不可以說的言語，在網路上也不能說。不要以為匿了名、看不到，就可以隨意汙衊或謾罵，網路的世界，更應加倍注重禮節與道德。

社群軟體越普及，越常看到網路霸凌奪走人命的消息，心中十分難過。在新聞報導看到某網頁，裡面對死者辱罵的言語，的確是粗暴不堪，這網頁竟可以讓人盡情地「匿名」辱罵不喜歡的藝人，我個人認為是種很錯誤的做法。這種粉絲專頁的設立目的，專門就是讓人來「謾罵」、「無的放矢」，而且還有許多類似的網頁。不知道做人的基本修養都到哪裏去了。人與人之間，一定要如此惡意傷害嗎？二〇一九年，韓國知名的藝人雪莉、具荷拉接連自殺，報導指出，與網路霸凌脫離不了關係。

曾有一個心理學研究：讓正常人戴上面具後，就可違背良知、做出沒戴面具時不敢做的恐怖暴力行為，例如美國三K黨殘害有色人種，就是戴著面具而行，讓人無法分辨身分。現今網路上，以為自己不用面對面，就可以不顧禮節亂罵的舉動，實在太多了。幾年前，一個英國十四歲的女孩，也是因為不堪朋友們在網路霸凌而結束生命。

我曾告誡孩子：**「在別人當面不可以說的言語，在網路上也就不能說！」**不是以為匿了名、看不到、就可以隨意汙衊或謾罵，網路的世界，其實更應加倍注重禮節與道德。事實上，在網路上亂放話、亂罵人，都可能是觸法的，我認為應該立法管制這些匿名、自以為不用負責任的言論，讓網路世界不再正義無存。

此外，父母更該警覺，在孩子的網路世界裡，許多言語霸凌也在我們看不到的地方默默發生。

小熊曾告訴我，他在國一時，看到某些同學在FB上搞小團體、亂批評人，有時自己都看不下去，不想再看了。他也曾試著勸同學不要這樣，但同學的作法是：直接把他踢出群組！後來他發現，班上有太多人在網路搞小圈圈，批評謾罵，所以國一升國二的暑假，小熊強烈希望能夠轉學，所以我們安排他到另一所較遠的國中就讀。

還好，後來新學校的同學，都十分單純善良，沒有喜歡搞網路霸凌的事情，導師也很溫暖、支持，小熊後來國二國三的生活開心許多，個性也穩重沉穩多了。

孩子被網路霸凌，其實是家長不容易察覺的事情，建議要多多觀察孩子的言行，如果有個性變退縮、不想上學、需要更多零用錢卻無法交代使用方式，這些都可能是警訊。

如果孩子真遇到網路霸凌，該怎麼辦呢？余秋雨在《君子之道》一書中，曾提到「君子自殺」這一段：君子坦蕩蕩，為何會自殺呢？因為小人的毀謗太厲害，讓注重名譽的君子受不了，最後只能以死明志。

余秋雨本人就曾遇過這種鋪天蓋地的毀謗，有人建議要反擊、或把自己變得更好，他都認為是中下之策。這麼多年的痛苦體驗後，他衷心建議：「完全不要回應、不要理會，這是最上策。久了，小人反而急了、無趣了，就會沒戲唱了。」

還有，有時候要壯士斷腕，只要發覺不對就立即幫孩子換個環境，也是不錯的選擇。

言語傷人，猶勝利刃。電影《奇蹟男孩》裡有一句很棒的話：「**當你必須在正確與善良做抉擇時，選擇善良。**」

大人們也要自我警惕，並多關心孩子，同時，務必教導孩子心存善念、說善良的話語，免得孩子被霸凌自殺的憾事不斷發生，後悔晚矣。

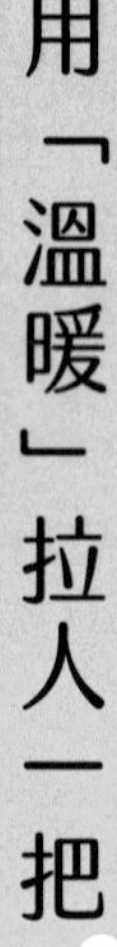

用「溫暖」拉人一把。

不要吝惜給身邊的人一個問候、一個願意聆聽的心意。
當對方站在生與死抉擇的懸崖邊，
只有愛與溫暖的話語，能讓他有勇氣回頭、活下去。

二〇一七年九月，有位北一女高一生開學沒多久便跳樓了，當時我在臉書感觸地寫了一段話：

「希望每個孩子都有勇氣與智慧，好好活下去。

生命原是殘酷的，在生與死抉擇的懸崖邊，只有愛與溫暖的話語，讓人有勇氣回頭、活下去。」

這個事件，讓我想起我的大學學弟，雄噹。

在我那年代念心理系的，不少是出於自由意志，因為當時心理學並非顯學，心理師也不夯，很多我的同學，是為了瞭解自己、或醫治心病而來。

雄噹也是。

雄噹有個很好聽的中文名字，但在我心中稱他雄噹，因為他長得就像「大雄＋小叮噹（多拉A夢）」的混合體：戴個眼鏡，身材圓胖，略黑。他最大的特色，就是總帶著微笑，就像臉上帶了笑臉小叮噹的面具一樣。

大二的我，在心理系學會幫忙辦活動，因此認識了他。一開始我以為他是個陽光男孩，畢竟總是微笑的男孩，誰不喜歡？

但漸漸我才發現，陽光後面，陰影很深。

關於雄噹的耳語，也越來越多：

「真是個怪人！」

「他很難溝通。」

「他應該有病！」

「假笑臉！」

這些耳語在系上傳開，我並沒放在心上，直到有一天，我與他談事情，才發現不對。

當時的話題很普通，但可能正好是他有興趣、或是他在意的，所以他講得口沫橫飛，慷慨激昂。他尖刻批判、大聲指責、抗議連連。我才知道，原來他是個想法很多、頗偏激的人。

直到他終於發現我與另一位學姊目瞪口呆，不如何接口時，他突然變臉，就像迅速戴回小叮噹面具一樣，他心虛地說：「不好意思，我講太多了……」然後鞠躬、默默地離去。

「他果然是怪人，好偏激，還是保持距離為上。」學姊說。

於是，我也和系上的人一樣，開始不太敢靠近他，遠離他。

每次他笑著跟我打招呼時，我便僵硬地回笑，匆匆離去（我以前都會跟他哈啦的），但我沒忘記注意，他臉上閃過的失落神情，還有他在系上越來越孤單的身影。

放暑假了，我忙著打工、到系學會幫忙，很久沒有雄噹的消息……直到開學，才聽到他在家中已上吊身亡的消息！

之後，他的父親，把他的藏書都捐給系上圖書館，這些書，很多都是很深、很沉重的哲學書。一個笑咪咪的青年，心中竟藏有許多無比沉重的想法。原來他一直都有躁鬱症，一直都在吃藥。

心理系學會的會長，在雄噹每本藏書的封面內，都貼上一個小短文，大意是這樣：

「這本書曾屬於一個有著陽光笑臉的男孩，但他走了。

如果我們能多給他一些關懷、多關心他的喜悲，也許，他就能繼續跟我們一起上課了。」

有好一陣子，我都不敢接近系上的圖書館，因為雄噹的書在那裡提醒我，他離開的故事。

三十年過去了，如今的新聞，又讓我想起圖書館的那些書。我從沒有忘記過雄噹的笑臉，雄噹不會長大、變老，他的笑臉永遠是十幾歲。我常常想：當年若我能不在乎世俗眼光，多陪他哈啦、多聽他說說話，該有多好！

如今，我終於寫出這個故事，希望有更多人能了解——**不要吝惜給身邊的人一個問候、一個願意聆聽的心意**，因為：生命原是殘酷的，在生與死抉擇的懸崖邊，只有愛與温暖的話語，讓人有勇氣回頭、活下去！

當孩子遇到霸凌。

我們在一生中會遇到許多不好的人，他們傷害你，是因為他們愚蠢；不必因此回應他們的惡意，世上最糟的就是自卑及報復——要永遠維持內心的自尊及正直。

我家老二文青男，從小就是個很單純、多話、開心的孩子，沒想到國小四年級時，個性丕變，變得沉默、退縮、不喜與人親近。雖然我問他很多次，但他只是躲在書本後面，什麼也不說。

高年級的他，一開始與班上同學也十分疏離，下課就站在最偏僻的頂樓陽台，一個人觀察著學校風景。有天樂團的女同學還忍不住跑去問他：「你是不是有自閉症呢？」

後來，進入青春期的他比較穩定，願意跟媽媽多聊些心事了。打鐵趁熱，有陣子我約他晚餐後去散散步，順便談心，才知道一個意想不到的秘密。

我與他聊起，小時候的他多愛講話、多喜歡與人互動，隨口問道：「為什麼你變了呢？」

他想了一下，終於說出一個驚人的事實：「應該是因為我長期被人霸凌。」

他說，班上有一個大家害怕、很強勢的男孩，總是喜歡惡意謾罵他、找他麻煩（據說他也不是唯一的一個，還有其他受害者），不但阻止班上同學跟他玩，還帶領同黨在校園不時堵他。還好他跑得很快，但是因為沒人敢伸出援手。從此以後在班上，他永遠是被排斥的人。

漸漸的，他學會默默站在遠處，觀察別人，以保護自己；也開始學會不說話，免得引起那些黨羽更多注意與謾罵。久而久之，他也習慣了這種行為模式，覺得在遠處看人，比較安全、自在。

他不想傷害別人，所以選擇什麼都不說。後來事過境遷，他也與那些人無瓜葛了。

得知此事，我十分難過，自責沒能及早了解並給予協助。我問：「為何不告訴老師、家長？或試著反擊？」

他說，有觀察其他被欺負的同學，報告老師與家長的結果是：「被欺負者加倍奉還！」而且他也知道導師快退休了，不想讓導師擔心，所以他最後選擇是「不要反擊、不要理會、不麻煩老師、保持距離」。

但是對他本人還是造成不好影響，有幾年他都不覺得學校是快樂的地方，也比較封閉自己。

我不知該說什麼。想了很久，我告訴他，如今他願意說出來，表示他已經成長，也克服了這難關。我送他電影《茉莉人生》中的一段話：

「一生中，你會遇到許多不好的人，他們傷害你，是因為他們愚蠢；不必因此回應他們的惡意，世上最糟的就是自卑及報復——要永遠維持內心的尊嚴及正

直！」

他想了想，點了點頭。

事情還有其他發展。原來那段日子，正好是學校弦樂團有困難、可能解散的時刻，當時我曾告訴他樂團可能解散的事實。我以為他會開心的說：「那就不用練琴了！好輕鬆喔！」沒想到，當下他竟看起來若有所失，震驚又難過地說：「解散……可是我不希望樂團解散！我還想跟大家一起拉琴！媽媽，可以請妳不要讓它倒嗎？」

從以往，他就很少求我，也很少對某社團、某活動執著，但因為聽到他的懇求、看到他臉上的失落，我硬著頭皮，努力接下了樂團後援會的職務。現在想來，在那段辛苦的日子裡，他不愛上學，但是愛音樂、愛指揮老師、愛跟大家一起拉琴的美好感覺。原來，音樂，是他痛苦的避風港、也是他的一種救贖。

還好，當時我有聽他的心聲，努力幫樂團度過困難。雖然花費了許多時間與心血，但是，樂團順利撐下來了，我的孩子也撐過難關了！

我如今領悟到，有些事情，當初你並不知道，做了也看似吃力不討好，但是，種什麼因，得什麼果；努力付出的收穫，不只是表面看到的而已。

若當時我斤斤計較：「其他家長為何不來樂團幫忙，為何我要付出這麼多？算了！」那我的孩子，可能就更難走出去了。

所以，**有時多付出一些，收到回報的，可能是你的孩子。千萬不要吝於付出。**

曾受苦，未必不是祝福。

國中生活，是一種叢林求生戰記；
人際關係，是一生都要面對的課題。
如此看來，從小有所歷練，知道如何面對霸凌，也是另一種祝福吧？

文青男讀國二時，已經讀完許多名人傳記，包括文天祥、范仲淹、張騫、李白、白居易、王安石等，讀完後，對文天祥最有感受，還跑來與我討論他寫的詩詞，如〈過零丁洋〉背後產生的原由，與〈正氣歌〉裡面舉的人物範例。

不過我有些擔心，他與眾不同的閱讀，會引起同學異樣的眼光與排擠。他說，班上的確有一群人會戲弄同學，不過不只針對他，是輪流找對象，取不雅的綽號，緊跟著一直叫、一直叫，直到把對方惹毛了也不罷休，並以此為樂！

他說，生氣反應越大的，越會被不斷嘲弄，最好別理會，才會沒事。

我問他如何應對呢？

他說，由於小學有被霸凌的經驗，自己已練就了一種「沒有表情的表情」，對於戲弄，只是淡淡地回一聲：「喔～」，再加上毫無表情。用這一招，戲弄者就會感到無趣，知難而退或另找對象。

我問他可否示範一下，他便給我看「平時的表情」（真的很木然沒表情！），還有憤怒的表情（還是一樣超沒表情！）

他說，自己在學校常常都是這「一號表情」。

母親開始擔心了，說：「所以你整天在學校，都必須要這樣、沒有表情嗎？」

他搖搖頭，說：「不會啊，我也有開心的表情。」

他笑給我看。

那就好……媽媽也會擔心，他天天麻木僵硬、沒有表情過日子。

我心想，以後他回家要提醒他按摩臉部，不然肌肉都僵掉了。

平時表情
生氣表情
開心表情
還好……
(母)

國中生活，是一種叢林求生戰記；人際關係，是一生都要面對的課題。如此看來，從小有所歷練，知道如何面對霸凌，也是另一種祝福吧？

還好的是，隨年齡成長，班上同學漸漸有改掉愛揶揄人的習慣，大家個性穩重多了，國三的文青男，漸漸打開心扉，開始願意相信人、也交了一些好朋友，真是一個好的結果。

做人，至少要對得起自己。

玩「交換禮物」的遊戲，如果你很用心，卻收到別人不負責任的爛禮物時該怎麼辦？小熊哥這樣說：「至少，我對得起自己。」

小熊哥國二的耶誕節，回家時表情十分沮喪。他提了一小盒餅乾回來，我問：「有朋友送你餅乾？應該開心啊！」

他卻生氣地說：「什麼送的?!班上舉行耶誕禮物交換活動，說好了要兩百元左右的禮物，結果……卻是這個！」

我仔細一看，是一小盒普通牌子的蘇打餅乾，上網一查，價格應該八十元左右，這的確不是個合情合理的耶誕禮物。

小熊表示，國一時也有交換禮物，他用零用錢仔細買了三十六色的大盒水彩，超過老師定的價格，結果卻抽到一本已經發黃、有摺痕的言情小說。當時他十分生氣，覺得送禮人很不用心，但事後想想也就算了。

國二，班上又有交換耶誕禮物，這次他還是認真地去文具行，找了一套適合寫筆記的多彩鋼珠筆組，整套價格將近四百元！這是他自己也很想要的禮物，他仔細包裝好，覺得收到的人應該很開心。

結果，他卻抽到一盒蘇打餅乾。

小熊沮喪地表示，真是太令人失望了。更讓他不可思議的是，那位送餅乾的男同學，平時常自稱家境很好，身上也常穿戴名牌，抽籤前，還跟大家大聲說：「我的禮物很爛，我家沒人想要，所以帶來！」

為了安慰他，我說：「至少，收到你禮物的人，應該很開心吧？」

「才沒有！收到的那個女生說：她有一模一樣的一套！還到處叫喊：誰要跟我換？我不想要這個！」

小熊更沮喪地說：「這是我自己都沒有的一套筆，她卻不想要……」

把自己都捨不得買來用的好筆送人，收到者不珍惜，還換來一盒送禮者都不想要的蘇打餅乾，心中失落感一定不小吧？

我跟小熊說，其實，這件事可以學習和觀察到一些道理：

一、送禮物的人所選的禮物，代表他的誠意與做事的態度。做事但求問心無愧，但無法要求別人與自己的標準相同。同時，根據我多年的經驗，交換禮物，多半會拿到自己不想要的禮物，One's meat is another's poison，千萬不要期待太高。

二、對於隨意、或故意送不適當禮物的人，不必生氣，但要小心：對方可能不是值得信賴、做事真誠的人；日後相處，心裡要留個底。

三、若班上也有真誠選禮、依規定選禮的人（小熊說他觀察過，的確也有），這種人可能比較真誠可靠些，可記在心裡。

最後，我有些擔心地問他：「你不會對人性感到失望吧？」

「不會……**至少，我對得起自己！**」

孩子，這樣想就對了。凡事但求問心無愧，愛佔人便宜者，將來總會吃虧；而吃虧，其實也能學到人性的道理。

孩子的道德教育，請大人先從「以身作則」開始。

身教對孩子很重要。
即使是小事，父母也該遵守規則，
因為對孩子而言，大人在小事不守法是很錯誤的示範。

幾年前，我帶孩子去日本大宮的鐵道博物館參觀，這是我以前住在美國時，就答應鐵道迷兒子的承諾。如今小小鐵道迷長大了，還好，他們欣喜的心情不變。

大宮鐵道博物館的介紹文網路很多，就不再錦上添花。來說說我的觀察。

當時是七月初，日本學生還沒放假，日本好友愛子告訴我：七月初，日本中小學都還在期末定期測驗，七月中才會放假；所以，我看到的日本參觀者，除了不少老人鐵道迷，就是帶著學齡前幼童的日本父母。而館中到處可以聽到中文對話，那熟悉的口音，一聽就知道是台灣來的。可見此博物館對台灣人來說，也是個大熱門景點。

我是去ＪＲ售票處，買了新幹線＋鐵道博物館的套票（出發地為東京或上野）。因為兒子們想拍新幹線，這票讓我們可以坐上越／北陸往大宮方向的任何一班新幹線自由席。不過購票有點複雜，問了第一位站務小姐，她也不太清楚，後來問了第二位老手才成功。

小熊最難忘的，是去了開蒸汽火車的體驗。這必須要國中生以上才能參與，每次體驗約半小時，五百日圓。我們去拿整理券（預約券）時是十點半，已經排到下午四點了。開蒸汽火車的步驟比較麻煩，但是有一位很帥的指導員全程協助，結束後還直誇小熊哥開得很好，讓孩子很高興。

鐵道博物館裡，除了蒸汽火車體驗需國中生外，還許多ＪＲ的開車體驗：山手線、特急、新幹線都有，館方特別闢了一個體驗區，讓你可以在一個擬真火車頭裡，練習開火車頭，有音效與互動場景。這是很熱門的體驗，不少人都去排隊。

但是，我卻發現一個現象：不少台灣父母（聽口音），要孩子去排A火車頭，然後自己幫孩子們排B火車頭。他們在體驗室大聲吶喊著：「阿明、阿美、阿華，爸爸幫你排這裡了喔～你們開完快過來！」

然後孩子們在另一頭也大喊：「好！等下就過去喔！」

事實上在體驗室裡，日本人都是安靜地排著隊，這樣大聲喊叫是不OK的。

果不其然，這些孩子之後穿過直B火車的排隊人潮，直接跑到爸爸那裏，一家五口（加上媽媽也來了）全都來開火車！

而後方的日本人，看表情就知道超級不高興，大人礙於禮貌不說話，但是我就聽到一個日本小孩問：「他們為什麼可以這樣插隊呢？」

是的，在日本，這也是插隊行為，**日本孩子要開火車體驗，就要自己乖乖排隊，沒有家長代排這種事。**排完一個才能換排另一個，對他們而言：一人代排，多人體驗，這就是不守法行為，也是很不尊重他人的舉動。當時小熊哥看了這狀況，小聲地對我說：「我真不敢說我是台灣人……好丟臉。」

有人會說：在香港或中國或台灣，大家都是這樣做啊！但是，入境隨俗，這裡不是香港或中國或台灣。況且，我個人認為：即使在這三地，也該戒掉這舉動。別人辛苦排隊老半天，為何你就可以來個「一人得道，雞犬升天」？

也有人可能會問：其他人可以這樣，為何我們不行？道德，本來就是用來約束自己，不是約束他人的，身教對孩子很重要，若別人插隊，你也教孩子有樣學樣，沒有一個高遠的標準，孩子很聰明，日後絕對會降低道德標準。這樣的教育，也將會是失敗的。

所以，誠心地提醒家長：**有些小事，也該遵守規則；對孩子而言，小事不守法是很錯誤的示範。**以後排隊請讓孩子自己排，讓他了解：這是最尊重自己與別人的作法。

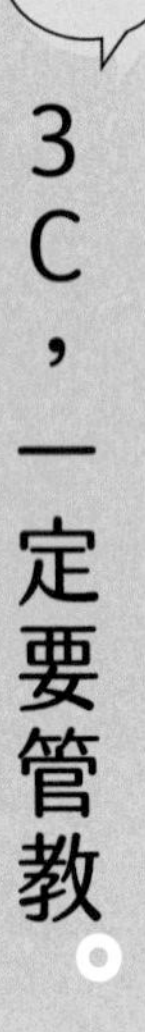

3C，一定要管教。

關於手機的控制，就像大禹治水一樣，
除了監控和防堵，更要為孩子建立新的行為模式，
讓他在無聊時有其他的興趣與嗜好，如：去慢跑、運動、游泳或閱讀。

由於看過太多孩子有3C成癮的不良案例，加上為了保護視力，我家對3C使用，是有嚴格管制的。

我家最小的孩子從幼兒園中班起，每天使用3C的時間限定在半小時以內。一般狀況是這樣：下午放學回家、幫忙做家事後（通常是洗菜或疊衣服），才能看一小段英語卡通，除此之外，平時都不可以玩平板與手機；但偶爾周末與爸爸同樂時，會開放一些彈性時間。

老二對電腦的興趣是三個孩子中最高的。以前對他採用防堵法，但他就是會想盡各種方法去偷玩網路遊戲，防堵也造成他強烈的不滿。後來改採用大禹治水的疏導方式：只要他每天把該做的作業、小提琴練完，就可以有三十分鐘的上網時間。但是對他能瀏覽的網站，我們是有限制的：一、可以學英語的網站；二、可以學寫程式的網站。

老二在大約四年級開始上網學寫程式，自學的他，得到很多樂趣，一開始喜歡自己設計簡單的電腦遊戲，到現在會用別人的檔案改成自己理想的模式。不過，他不能上社群網站，例如Line、臉書等，我們家的統一規定是：小學畢業後，才可以到社群網站註冊。對於這一點，因為大哥一開始也是如此，所以他很認份，沒有任何異議。

老大在上高中以前我們就約好：沒有智慧型手機，只有陽春型手機（他同學常戲稱這叫智障型手機）。等上了高中，才會開放屬於他自己的筆電及手機。平日要查資料可用公用區的電腦（家長看得到螢幕內容），查完後立刻下線。每周末則有三十分鐘的自由上網時間。

一開始他不太習慣，因為同學有人時時可上網、甚至還有人上學也帶兩支手機。不過到了國三，某日他突然欣慰地說，因為減少了打網路遊戲、社群軟體閒聊的時間，發現到自己有了更多時間可以讀書、聽音樂、做自己的事，感覺還真不錯！

我個人十分建議家長務必要讀讀《臉書時代的網路管教》及《關掉螢幕，孩子大腦重開機》、《和手機分手的智慧》這三本書，對於3C及網路教養會有進一步的認識。

平心而論，3C的確豐富了我們的生活，但是如何克制？是另一個重點。目前許多大人都網路成癮不可自拔，要心智未成熟的孩子有使用上的自制能力，根據我的經驗，這是種高難度的、也是不切實際的想法。

問題比較大的網路成癮，會發生在高中以後。

我家高中後是開放自由使用手機的，但是不給上網吃到飽，還是限制一定流量。老大在建中讀書時，學校有開放WiFi無限使用；由於建中的學風開放，所以孩子們上課時都還會滑手機。

我也有聽過一些建中生，上了高中以後沉溺於手遊、無法自拔的現象。有些人更因此無法正常作息、成績一落千丈。

據我了解，前三志願或者是前幾志願的高中，都是開放學生使用校內WiFi及手機的。也因此，沉溺於上網、有手機中毒現象的孩子，不在少數。

有時上課時只要老師講課的內容不夠精彩，班上同學就有一半開始自顧自的滑手機。當然，有時候滑手機是在查東西、或者是在線上學習；不過也有一些人就是只連線打遊戲，甚至於高三晚自習，都還有人留在教室只為了吹冷氣和別人連線打怪。

因為已經上高中了，家長也不好說什麼，在此我把此現象告訴大家，希望大家注意這個日益嚴重的問題。

去年暑假，某朋友去兒童心智科，發現很多青少年被爸媽帶去看病，看的就是手機和網路成癮的問題。

根據研究，網路成癮和毒品中毒的狀況十分類似，一旦上癮要再禁止，很容易有所謂的「禁斷症狀」，也就是孩子無法克制想要去上網的衝動，就像吸毒一樣。因為大腦已經產生了類似毒品的反應。這是聯合國教科文組織研究發現的。

孩子們會如此沉溺在手機和3C上，除了孩子沒有其他的興趣嗜好可以去打發時間之外，跟台灣的環境也有一些關係。台灣地狹人稠，大都會區許多青少年下課後，就只能待在家裡上網打怪，沒有好的環境讓孩子去發展戶外運動、或是多元的興趣和嗜好。

小熊哥也曾告訴過我，高中後他也曾經重度使用手機，但是後來他發現：這是不好的習慣。由於他是田徑隊的成員，所以他漸漸用運動（就是慢跑），來控制自己想要使用手機的習慣。

關於手機的控制，就像大禹治水一樣，除了監控和防堵，更重要的是：為孩子建立新的行為模式，也就是要讓他可以無聊的時候，有其他的興趣與嗜好，例如：去慢跑、去運動、去游泳、去閱讀。

此外有一些APP，也可以提醒孩子手機使用的時間與內容，讓孩子警醒自己花了多少時間在上網或是瀏覽YouTube。這些都是需要家長與孩子共同溝通與努力的方向。

父母也要常與孩子溝通，告訴他們網路世界的一些危險與陷阱，與活在真實世界中的重要性。還要多鼓勵孩子：有空與其上網，不如多看好書、多運動、逛博物館、去旅行。

其實，如何善用3C而不被過度誘惑，是現代人都需思考的嚴肅議題，不只是教養孩子而已。

第4章

培養面對未來真實世界的能力

走出學校，學得更多。

現在的台灣高中生，也走出社會、走向人群、接地氣，在做志工的服務中，了解自己適合或不擅長的事，也找到自己人生的方向。

曾有位住美國紐約長島的台裔母親告訴我：在紐約念高中才是最辛苦的。因為紐約的高中生不像其他鄉下地方孩子，除了要讀書、還要去當志工、還要顧社團，更別說台灣高中生，只要顧好讀書就好了。

其實，這位母親可能很久沒回台灣了，現今台灣高中生，也要顧社團、也要當志工的；服務學習，是每個台灣國高中生要做的事。小熊哥全班曾多次到偏鄉去教孩子讀書，也去了海灘淨灘，更有人還去柬埔寨協助義診團。

話說二〇一九年的大年初三，高二的小熊哥與兩位同學選擇去木柵動物園當一整天的志工，時間是早上九點到下午五點。當初聽到小熊哥要去動物園當志工時，弟弟們還熱烈地討論著：

「大哥要去做什麼呢？」

「可能……黑熊放假，大哥要假扮成黑熊、走來走去吧？」（這是充滿想像力的老三）

「不不不，應該是穿大貓熊裝，躺在籠子裡睡一整天吧？」（這是十分想去睡一整天的老二）

結果，大哥沒有扮成黑熊或貓熊，而是站在鳥園車站，拿著麥克風廣播：

「各位乘客，鳥園車站到了、鳥園車站到了，要參觀的旅客請下車後往這裡走，企鵝館、兩棲動物館請往前；要轉乘貓空纜車的，請往另一邊的紫色站牌等待……下車請小心腳步，別忘了自己的東西喔～」

「請往前、請往前……」

「慢慢走，別跌倒了。好，可以按鈴。出發！」

看完同學幫他拍的錄影片段……難怪會喉嚨啞！據他說，沒看過這麼擠的動物園，人山人海。本來我打算帶弟弟們去看他（因為弟弟還在期待看他穿貓熊裝），結果，他一早就在電話中警告：「千萬不要來！人實在太多了！」

等到他七點回到家，整個人聲音啞了、也虛脫了。

我後來看到新聞說，那天動物園竟有五萬名遊客，是近四年初三的次高人數。五萬人！我默默地想，他去的還真是時候，服務眾多啊！

我問他，有何感想？

他說，雖然累，但是有可愛小朋友一下車就跟他揮手打招呼，有旅客來問他如何逛動物園，車子離開時，還有乘客跟他揮手道別！他才體會到：自己是喜歡接觸人群的。

從前，他曾想過要當一個科學家，跟爸爸一樣在研究室裡鑽研，但現在他改變了想法，因為之前幾次與這次的志工體驗，讓他終於了解：**自己喜歡與人互動、喜歡看到別人的回應與笑臉。原來，服務別人，能帶給自己許多成就感與快樂！所以他開始認真考慮，將來要從事可以「接觸人」的工作。**

現在的台灣高中生，不是只要死讀書就好，現在也走出社會、走向人群、接地氣，這樣的教育才正確。因為孩子在服務中，能漸漸了解自己適合的、或不擅長的事情。然後，在服務中，找到自己人生的方向。

為何我們養出「不會思考」的孩子？

現在的孩子，因為從小學開始就依賴安親班或補習班，上大學跟研究所也都靠補習，所以沒有自己思考、分析、解決問題的能力，難怪連大學生都「小學化」了。

任教於大學的好友S，常與我分享教育心得。她說她很苦惱，因為致力於科學研究的她，實驗卻常常無法做下去。她的研究生每天早上九點來吃早點，做一下實驗後開始討論午餐要吃什麼，下午還要點外送下午茶，傍晚五點時就拍拍屁股準時走人，研究態度比早年的公務員還要公務員！

S告訴他們，如果不想做實驗就快點畢業，但這些學生卻不知道自己真正想做什麼，於是繼續賴在安穩的象牙塔裡，有一搭沒一搭的混日子。

更奇怪的是，大學生的情況也很類似：畢業後前途茫茫，於是紛紛到補習班補習，好考上研究所；升上研究所後卻一點也沒自己的思考能力，做實驗要老師一一把步驟說明白才會做。要舉一反三？天方夜譚也！

S苦笑著說：「大學生高中化……研究生大學化！我們的教育真的出問題了。」

我覺得她說錯了，應該是「大學生小學化」。

現在的孩子，上大學靠補習，上研究所靠補習，就是因為小學開始一直依賴安親班或補習班，所以沒有自己思考、分析、解決問題的能力。一切都有人幫你整理好，只要死背、反覆演算，就可以換得好成績。

問題是：大學生（研究生）到底該怎樣讀書呢？大學大學，那種消極到好笑的學習態度，是小學，非大學。

前清大彭明輝教授有一篇文章：〈精英教育應該教什麼？〉，把這現象分析得淋漓盡致：「……我在劍橋大學聽過幾堂大學部的課，真的是呆在那裡：一門三學分的課，教授只講一堂，指定完本週要學的範圍，扼要地講這個單元的重要性、核心概念和學習的目標之後，就下課了。」

課本自己讀，讀完自己試著回答課本後面的練習題，每週有三小時的助教時間讓你問問題，這樣就結束了。研究所呢？大學畢業一律直攻博士，而博士生只做研究不上課，研究生自己組讀書會，兩、三週討論完一本書，根本不需要老師去管。」

反觀台灣，大學生上課像小學生，每一行公式都要老師在黑板上推導給他看，看不懂就怪老師跳得太快；甚至連碩士生都還要老師站在講台上講課，根本沒有能力自己念教科書，讀論文的能力與討論論文的能力就更別談了。

其實，有些資優教育更荒唐，有的只不過是提前念下一年級的課本，照樣類似填鴨教育，並無太多啟發。

台灣家長讓孩子進入資優班的管道，更誇張！許多孩子把智力測驗的測驗卷做過好幾本！也不少學生考資優班先去資優班補習班，考上資優班後，繼續去補習！

以前我台大心理系的學弟，目前正在中正大學擔任教授，曾在臉書上與我討論十二年國教的問題，他感嘆地說：

「我會問我的研究生：你們為什麼不去工作，要來唸研究所？研究所並不能保證你們賺大錢，更有可能會讓你們被框架住，不敢去賺大錢……你們知道你們一年，教育部花多少錢在補助你們唸書嗎？這些都是你父母辛苦賺的錢。」

我在臉書回答：「工作太辛苦了，學校又自由又輕鬆！研究生至少目前還可以一直上網打電動……從小被安排好一切，只要考試考得好就夠了！這種價值觀是聯考制度給的，誰會想過自己真的要什麼？」

目前我們的教育制度，教出來的大學生常沒有自己思考能力，老師說東時才會東，往西就去西，其他時候呢？就是去討論如何找到好吃的食物，與上網沉醉在虛擬世界裡。

學習，最好能主動積極，所以，我不敢輕易地完全依賴補習班來教育自己的孩子，因為那很容易讓孩子的腦袋快速僵化，不用自己學習去思考問題。

身為父母，應當要時時警惕：不要教出像小學生的大學生，教育的起點與終點，都是讓孩子能夠「自我教育」與「自我實現」，能做到這一點，我們的教育就成功了。

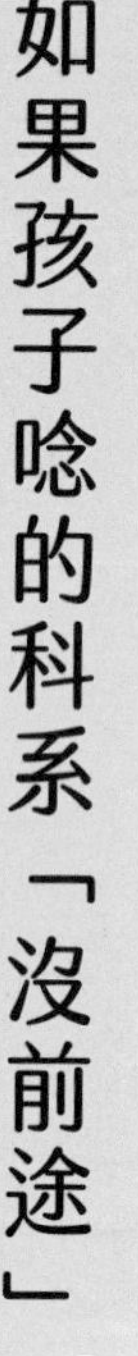

如果孩子唸的科系「沒前途」

當年我唸心理系是被父母阻止的，因為那時是很冷門、沒前途的科系，
如今，心理師卻是受重視的熱門行業。
所以，現在的冷門可能是將來的熱門，一切都很難說。

某年的大年初三，我陪母親去台大校園走春，下午順道回心理系參加老友聚會。當年的老同學，如今已升上正教授，恭賀之餘，也想到自己「為何沒繼續走心理學」這條路。

最近聽廣播，發覺某私立高中竟然用：「王O明，台大心理系！」來當他們孩子優秀的主打廣告，不禁莞爾。想當年我念台大心理系時是被父母阻止的，因為當年很冷門、沒前途，如今事過境遷，心理系竟成為廣告的招牌與顯學，真是始料未及。

前陣子與親子部落客聚會，席間有許多沒小孩的部落客站起來自我介紹，都說：我是XXX心理師！

他們的表情都是自信與開心，爸媽們也都一臉敬佩的表情……真好！原來，心理師也是個受重視的熱門行業了！不信，看看市面上多少心理師在出書？XX心理師FB有多少粉絲？真是夯啊！

其實，數年前我去過許多國中、高中與大學做「生涯規劃」的演講，這也是一個主要議題：「**你現在念的未必是你未來走的，但一定會影響一生！**」

我認為，大學所學的，是一種通識教育，心理學對我來說，就是認識自己、了解他人的工具。也許我沒選擇去當心理師（卻當了家中的馴獸師！）但這學問是一輩子受用的。

我為何會念心理學呢？其實本來是想了解：自己到底喜歡什麼！

以我們的教育來說，一個孩子考上大學，讀未必是他真正有興趣的科目，是十分可能的。因為孩子不斷地背誦、考試、填鴨的結果，就是只知道要有好成績，卻從未想過適合自己的好方向。所以，也有醫學院的學生讀到後來想走文學、讀財務金融的其實想畫畫。當年的我，想進心理系也是找個方向：因為要了解自己，從了解心理開始。

不過，真的進了心理系卻發現不是那麼一回事。當年的台大心理系，主要是以科學的方式來研究動物心理、再推廣到人的心理（所以是在理學院，屬Science）。記得我大一大二都在養「跟兔子一樣大的白老鼠」，讓牠學習如何壓桿喝到水、如何去跑迷宮不被電擊，對老鼠的了解增進不少，但對自己的心理卻是仍一片空白！

（當時還有人笑說：喔，你該去讀哲學系，讀心理系是搞錯了啦！）

還好，大三時終於上到有趣的性格心理學、社會心理學以及變態心理學，我對人性才有了更進一步的了解。等到大四學組織行為學與消費者心理學，也找到自己又興趣又可以吃飯的出路——我考上了商學研究所，走行銷（Marketing）的路。

我也曾想過去當個臨床心理師，不過發覺：自己的個性太過感性，病患的苦我聽了比他還難過，所以想想還是算了，省點眼淚與煩惱吧。

後來，我在銀行界、廣告界、書店業，都用上消費心理學，當了媽媽之後用上發展心理學，寫小說用上變態心理學，做人處事不忘組織行為學，連在美國買房子賣房子，我都一手包辦！除了行銷學之外，消費者心理學多好用，真的是舉世皆然啊！

目前的我，雖然當的是三隻熊的馴獸師，沒走上心理師之路，但是常去校園演講，跟孩子講如何瞭解自己、做生涯規劃；也寫書評，分析人性善惡。我念的，未必是我走的路，但是，學心理學真的影響了我一生。

如果你家孩子對一些冷門科系有興趣，誠心建議：放手他去讀吧！當年父母阻止我念心理系的理由，如今都不存在了，世事如棋局局新，現在冷門的可能將來熱門，一切都很難說啊！

讓孩子嘗試各種職業體驗，找到適合自己的位置。

除了考試升學外，未來可以闖出一片天的路還有很多條。現在有許多職校會開辦體驗營，也有更多的孩子願意念職校，這些都是我在現代國中感受到新的、正向的改變。

我認識一些家長，他們的孩子在台灣念小學還算愉快，但是到國中後，試了一陣子，便開始把孩子送到國外，或是體制外的學校。歸咎原因，主要還是升學主義的餘毒未消，難耐孩子受考試煎熬。

因為熊爸工作在台灣，我們希望孩子有完整的家庭生活與教育，所以並沒有選擇島外或島內移民，而讓他走體制內的教育。老大小熊上國中後，我便開始觀察國中教育，也去學校擔任自習課的志工家長。

跟我那個年代比起來，現代的國中教育，還是些有正向改變的，但也有些持續性的隱憂，首先來談談正面的改變。

小熊進入國中後，每年寒暑假，有些有趣的營隊可以參加，這些營隊是由政府教育單位主導，請當地職業學校開的各種一日職業試探／體驗營。

這些營隊可以讓孩子了解：不同的職業學校，到底在做些什麼？學些什麼？這些在我讀國中時，都是未曾有過的體驗。

技職教育對國中生來說，其實是很重要的另一種生涯選擇。在歐美，不是每個孩子都要上高中、拿大學文憑的。英國的友人告訴我，英國孩子十幾歲時就可以去職場當實習生，高中職畢業後，直接去工作賺錢，也很開心。

所以，我也鼓勵小熊去參加這些職業試探／體驗營，多了解職業學校的各種面向。如果喜歡，也可以考慮在國中畢業後，直接去職業學校學一技之長！

小熊接受了我的建議，他在國一國二寒暑假，真的參加過不少有趣的營隊，如：

一、餐飲達人營，他去學了如何調水果飲料、雕水果、做甜點。

二、3D列印研習營：他去學了3D列印的原理與實際操作，設計自己的商品。

三、影視科體驗營：他去學如何用單眼相機拍照、拍微電影。

四、遊戲設計與手機APP製作營：他學會簡單的手機程式設計。

五、電子電路營：他學用焊槍，焊了整一天，做出一個電子音樂盒，會發出三種音樂！

六、電腦繪圖營：他學會一些電腦繪圖的軟體，把普通照片變成美麗的設計海報！

我問他，最喜歡哪個營隊？他說，學調飲料好開心，因為是自己調的，喝起來感覺真開心。電腦繪圖也很有趣，普通照片可以變出好多花樣，只要會軟體就可以當藝術家。

他也有另一層體會。如製作焊接音樂盒電路板時，被那煙味燻得頭昏眼花，一整天坐著焊東西，覺得好累、好辛苦。原來焊接工作，真不是容易的事情！

體驗過幾次後，我問他對職業學校有興趣嗎？他想了好幾天後，最後告訴我：職業學校雖有趣，但他還是想更深入了解科學，決定到大學裡學更多、更深入的科學知識！

這是他自己得出的結論，也算是國中最初步的生涯規劃，自此，他念書的動機比以往要踏實許多。比起當年的我，只知道考試升學，完全不知道有另外一些路可以試試，要好多了。

前陣子，我到某國中做「生涯規劃」的演講（因為我在大學講過四、五年生涯規劃的課程）；現場我問國二的孩子，可有想過將來要做什麼？令我驚喜的，是有好幾個孩子都說要去念職業學校！有的人要念英語當企業的英語秘書、有的說要去學做菜自己開餐館、有的要學修理汽車……他們眼中閃耀著自信與踏實，讓我十分感動。

小熊告訴我，國三有些同學下午可以直接去職業學校上些課，為進入職校做準備，這也是我念國中時沒有的新選項。

路，有很多條，不是只有升學、考大學，才有一片天！這是我在現代國中，感受到新的、正向的改變。

時時調整人生的方向。

我的人生，從學醫，到學心理，再到學商學，最後出繪本，這些事情好像都各無相關，但越是人生黑暗的時刻，對世界的各種體驗就越深刻。我抱著對創作的理想，不時調整自己的方向，終於慢慢走向自己的初心。

之前提過，我常去國高中及大學談生涯規劃，也在大學開過類似的課程。關於生涯規劃。我常用自己的案例告訴學生與我的孩子：你也許無法馬上達成你最想要的人生目標，但是你可以漸進式的調整，只要你記得自己最初的理想在哪裡。

人的一生，不可能一出生就能做自己想做的事情。大部分的人都會受到外在的箝制，這些箝制可能來自父母，可能來自師長、更可能來自經濟的現實。

我從小就非常喜歡畫畫，也跟父母表示過好幾次想去學畫，但是父親就是不同意。他告訴我，學畫畫的人，多半無法養活自己、會餓死，或是下場很慘，就像梵谷一樣：生前只賣過一張畫，死了以後，他的畫才開始大紅大紫。可是人都死了，畫賣錢又有何用？

當時台灣的教育制度，讓我找不到自己的人生方向。所以當時的我，想說自己喜歡生物，那就學醫好了，至少不怕餓死。但是我真的在醫學院待了一年之後，發現實在無法忍受那種環境，所以後來決定轉到心理系就讀。我並不是想當什麼心理諮商師，而是想要了解自己的心理與自己想要的東西，到底在哪裡。

很可惜的是，在台大心理系雖然很有趣，但是當時心理諮商師這行業並不受歡迎，我也自知不是諮商師的料（太容易感動，無法保持對個案的冷靜態度），於是我又想，去唸商學，至少可以找到穩定的工作吧？所以努力考上了台大商學研究所。

畢業後，更很幸運地考入人人羨慕的外商銀行。但是在外商銀行工作，雖然錢真的很多很多，總覺得心中很空虛、覺得缺了什麼踏實感。

我只知道我很愛書，所以一年多後，我轉職到誠品書店總公司去當行銷企劃，那段時間天天可以接觸自己喜歡的書，真是人生最開心的黃金時光！我特別喜歡去童書區看繪本，覺得繪本很有創意、又有美感。

後來，熊爸決定出國做研究，我便不捨地辭去工作，帶著小熊哥一起到美國，開始了好多年窮學生的留學生涯。

當時我們的經濟狀況不是很穩定。我在美國也沒有綠卡，很難找到像樣的工作。就算自己唸了台大MBA，在國外依舊派不上用場，更何況還有兩個稚子要照顧。

記得在美國中西部下雪的冬天，有時我家連暖氣的費用都付不出來！很冷的冬夜裡，只能把暖氣開到最低，然後把孩子和自己包成像雪球。那時候我常望著窗外的白雪發抖，心裡想的，只是希望喝到一碗通化街熱熱的米粉湯。

熊爸的論文在美國常常被教授卡住，無法馬上學成回國申請工作。前途茫茫，在故鄉的老父親又生病中風，一切的一切，就像雪上加霜。

在那段不知該留下還是該回台灣的日子裡，我努力帶著孩子，樂觀地活著。錢雖不多，但是我們住在鄉村的小木屋，有春夏秋冬四季美麗的變化、有大自然的美景可徜徉，我用部落格記錄下很多異鄉生活的難得經驗，心中也浮現了很多可愛的繪本故事的想法。

七年多過去了，回台灣以後，我回到職場去工作。但是因為兩個孩子回台灣適應不是很好，熊爸工作又忙，所以我只能在二度就業後，又二度辭職，理由有兩個：我必須照顧好孩子，其二是，我有自己出書的理想。

當時有某出版社因為我部落格得獎，邀請我寫一本教養書之外，我自己心中也有了想要創作繪本的想法，這個從小就喜歡畫畫的信念越來越大。也因為美國的經歷，增添了許多故事想法。

我把這些小故事，有的自己畫成書、有的投稿到出版社。當然，碰壁再碰壁，你無法想像我接受過多少拒絕，不過我從未放棄，不斷地調整創作的方向。

還好，終於有出版社接受了我的故事，他們很仔細地把它變成繪本，最早是在上海出版。後來也有很成功的案例：就是我把想念老父親的心情，以及在美國與孩子做餅乾的經驗，都變成了繪本*，除了獲得年度最佳兒童童書獎之外，還代表台灣去參加波隆那國際兒童書展。

從學醫，到學心理，再到學商學，最後出繪本，這些事情好像都各無相關，但是，越是人生黑暗的時刻，對世界的各種體驗就會越深刻。抱著對創作的理想，我不時調整自己的方向，終於慢慢走向自己最早的初心。

我在課堂上告訴學子：年輕的時候，可能因為經濟壓力，我們必須為錢工作，但這些都是階段性的；如果能不忘記自己的初衷，時時調整方向，終有一天，還是可以達到自己的理想。

廣告大師李奧貝納曾說：**伸手摘星，你未必會如願，但至少不會滿手是污泥。**

理想也許一開始遙不可及，但你總要望著那顆星星，努力前進。

＊代表台灣參加波隆那國際兒童書展的兩本繪本是：《爺爺的散步道》、《我做的手作餅乾太好吃！》

讓孩子為十八歲的獨立做準備。

我從十八歲起，就一面上大學一面打工，也固定拿錢回家孝敬父母。我也告訴我家的男孩們：等十八歲獨立的時間來到，爸媽將不再提供金錢，但父母的鼓勵與關愛，是永遠不會減少的。

小熊國一的導師，曾在開學幾個月後，與我談小熊的狀況。她好奇地說，同年紀的國中男孩子，都還在嘻嘻哈哈、打打鬧鬧時，小熊哥卻看起來老成持重（事實上他的形容是：像個小老頭那樣深思熟慮！）他很想知道，究竟為什麼呢？

我想，可能是因為我常告訴我家的男孩們，**十八歲後，就要自己賺錢養自己了！**

在小熊哥十三歲、小小熊十歲起，我便開始要他們要認真地、仔細地思考：

如何培養能養活自己的能力？

這也是熊外公養育我的方式。從十八歲起，我雖可以住家裡，但是不可以跟家裡拿錢，我一面上大學一面打工，也固定拿錢回家孝敬父母。上大學後的學費、餐費、交通費等，都自己付。甚至跟父母出國旅遊，也都是自己打工賺錢，不花父母一分一毫。

所以，當有些大學同學拿著父母的錢繳學費，然後翹課去做自己開心的事時，我努力不缺席任何一堂課，因為我知道：上課的每一分錢，都是自己用血汗辛苦賺來的，我沒有理由不好好念書。

記得大三的冬天，我在打工途中，騎著小綿羊，卻突然被闖紅燈的車子撞飛！這是我第一次騰空飛到充滿車子的十字路口，然後重重摔下……傍晚的天空，正下著冷冷地大雨，當時我心裡只有一個念頭：我死定了！然後閉著眼睛，等車子從我身上輾過……

很幸運的是，有路人好心幫我擋車，沒有車子輾過我。接下來坐救護車到醫院時，我心中竟有一種感激與感動：能活下來的滋味，真美好。

等我的傷好了，就繼續騎著曾被撞爛但又修復的小綿羊，去打工、去上學。一開始上路，真的會發抖，但我告訴自己：沒有資格害怕，因為我要努力，不讓父母擔心。

有人會說：孩子打工，就不會專心唸書了！事實上，我現在也跟孩子分析打哪一種工的經濟效益最高。麥當勞或便利商店，一小時一百多；兼家教，一小時可能可以六百到一千元。不過家教也有等級的分別，越好的科系，家長願意出的價碼就越高。事先把利弊得失跟孩子提早分析後，他們就自己會判斷該如何用最有效的方法，如何花最少的時間，既可以兼顧課業，又可以賺自己的學費。

也有人說，都在打工念書，就沒有機會出去看看了。其實，我大學時除了打工賺學費，成績維持前三名外，每年寒暑假，我都有出去走訪台灣，而且是免費的。我參加許多訓練，努力考上救國團假期服務員，然後就能帶領一百多個高中生上山下海：去澎湖戰鬥營、去東海岸健行、騎自行車、還去中橫公路連走七天。這些都不用花錢，不但免費食宿，還有車馬費。

這期間，我也學會如何與人合作、領導統御、鍛鍊身體。中橫健行隊我自願帶了許多梯次（這是需要一定能力才能帶的較難隊伍），因為中橫的山景，實在太美！能夠用腳慢慢走過、仔細欣賞，身旁還有可愛的高中生談天，是我大學時代最美好的回憶。

我在大學時也選修日語，還跑去日文系旁聽許多課，當時日文系主任常笑著說：研究生，妳又來了啊？然後提出申請，在研究所時到日本東京某政府機構當「國際事務訓練生」，同時住在日本人家中，了解了一些日本上班文化、生活議題，而日本政府每個月還給我三萬台幣的生活費！

我把這些經歷告訴孩子：資源有限，創意無窮！如何過出有意義的學生生涯？完全看自己願不願意找資源、去努力。

網路上曾流傳一個美國高中生的故事，在他六歲起，就成為遊民（homeless），跟爸爸住庇護所，但是高中畢業那一天，老師與同學才知道他的處境如此艱困，可是他從未遲交任何作業，也以最優異的成績畢業，現在更有許多大學願意資助他深造。而他寫在自己帽子上的座右銘就是：**Never give up！**（永不放棄）

我常告訴孩子，等十八歲獨立的時間來到時，爸爸媽媽將不再提供金錢，你們才會思考：如何求生、努力向學，也才會懂得珍惜任何得來不易的東西。我們指引方向，但也訂下成長的時間表。時間到了，請學著自己頂天立地在人海中。但是，爸媽的鼓勵與關愛，是永不會減少的。

身為父母，如何不養出啃老族？請提醒孩子：**要為自己的未來負責，提早做好獨立的準備！**

教養生活 057

你的管教，能讓孩子成為更好的大人：從他律到自律，小熊媽暖心而堅定的教養法

作　　者—小熊媽（張美蘭）
副 主 編—郭香君
執行企劃—張瑋之
封面、內頁版型設計—FE設計

編輯總監—蘇清霖
董 事 長—趙政岷
出 版 者—時報文化出版企業股份有限公司
108019台北市和平西路三段二四〇號一至七樓
發行專線—（〇二）二三〇六—六八四二
讀者服務專線—〇八〇〇—二三一—七〇五
（〇二）二三〇四—七一〇三
讀者服務傳真—（〇二）二三〇四—六八五八
郵撥—一九三四四七二四時報文化出版公司
信箱—一〇八九九臺北華江橋郵局第九九信箱

時報悅讀網—https://www.readingtimes.com.tw
綠活線臉書—https://www.facebook.com/readingtimesgreenlife
法律顧問—理律法律事務所　陳長文律師、李念祖律師
印　　刷—紘億印刷有限公司
初版一刷—二〇二〇年四月十七日
初版十一刷—二〇二三年六月九日
定　　價—新台幣三二〇元

時報文化出版公司成立於一九七五年，
並於一九九九年股票上櫃公開發行，於二〇〇八年脫離中時集團非屬旺中，
以「尊重智慧與創意的文化事業」為信念。

你的管教，能讓孩子成為更好的大人：從他律到自律，小熊媽暖心而堅定的教養法 / 張美蘭著. -- 初版. -- 臺北市：時報文化, 2020.04
面；　公分

ISBN 978-957-13-8147-3 (平裝)

1.親職教育 2.親子關係

528.2　　109003389

ISBN 978-957-13-8147-3
Printed in Taiwan